政协北京市门头沟区
学习与文史委员会 编

北京西山
中国地质学家的摇篮

易克中 刘德泉 主编

团结出版社

图书在版编目（CIP）数据

北京西山：中国地质学家的摇篮 / 易克中，刘德泉
主编 . 一北京：团结出版社，2022.12
　ISBN 978-7-5126-9891-8

　Ⅰ.①北… Ⅱ.①易… ②刘… Ⅲ.①地质学家－列
传－世界 Ⅳ.① K816.14

中国版本图书馆 CIP 数据核字 (2022) 第 220402 号

出　版：团结出版社
　　　　（北京市东城区东皇城根南街 84 号 邮编：100006）
电　话：（010）65228880　65244790
网　址：http://www.tjpress.com
E-mail：zb65244790@vip.163.com
经　销：全国新华书店
印　装：三河市东方印刷有限公司

开　本：145mm×210mm　32 开
印　张：7.125
字　数：173 千字
版　次：2022 年 12 月　第 1 版
印　次：2022 年 12 月　第 1 次印刷

书　号：978-7-5126-9891-8
定　价：46.00 元

序

　　定海神针：南石洋大峡谷石柱，位于雁翅镇马套村南石洋大峡谷中，又名天花塔。地层中晚元古代蓟县系，距今16亿—14亿年。

　　盛夏苦暑，今年尤甚，立秋刚过，北京难得一天凉爽。正在叹服老祖宗节气文化的睿智聪明，又接老友门头沟刘德泉老师电话，告诉我易克中和他合作的新著《北京西山：中国地质学家的摇篮》即将付梓，嘱我作序一篇。正是，"好雨知时节，当春乃发生"啊！两位作者都是我

1

心中敬佩之人，他们几十年为北京、为西山永定河文化呼号奔走，这个沉甸甸而光荣的嘱托啊，我不才也当努力担起。

门头沟位于西山核心，群山莽莽，沟谷纵横，1500米以上的山峰有150余座，沟谷有300余条。北京最高峰东灵山海拔为2303米，最长峡谷为永定河官厅山峡，切穿4列大山，全长100余千米，既是历史文化走廊，又是地质山水画卷。

门头沟地区在漫长的地质变迁过程中，经历过多次强烈的海陆交替和沉积间断，后已成陆成山。从3亿多年前开始的以陆相沉积为主的时代，形成了大面积的煤田。古生代末和中生代发生多次火山喷发，区域面积近一半被火山岩覆盖。漫长的沧海桑田，使得门头沟出露的地层十分丰富，几乎囊括了华北地区所有地层。门头沟地层的多样性，在北京市各区县中首屈一指，在全国亦属罕见。加上各种构造遗迹，门头沟理所当然被誉为天然地质博物馆。

这个博物馆除了上述北京最高的山峰、最长最深的峡谷，门头沟还有号称华北植物园的百花山，下苇甸寒武系等多处标准地层剖面，北京最长的断裂带——沿河城断裂带，龙门涧、南石羊沟等典型峡谷，多级古老夷平面，多处火山口遗迹，青白口、上苇甸穹窿、大独山等多处侵入岩体，15亿年前的地震遗迹、海滩遗迹及全国最大的带有擦痕的冰川漂砾，等等。还有列入国家矿产储量表的矿产17种54处。其中除了众所周知的煤炭，还有烧制琉璃的坩子土、制作潭柘紫石砚的紫石、制作人造金刚石坯料的叶蜡石、冶金用的石灰石及白云岩等。

我想强调的是，上述如此丰富的地质现象、地质遗迹和矿产，原本都是"隐形"的，隐形于杂乱无章的大自然中，是"藏于深闺人未识"的。是我们的先人，是地学工作者通过长期的艰辛考察、深入研究，才让这些宝藏露出惊世骇俗的光芒。换一个角度，我们也可以毫不夸张地

2

说，"以门头沟为主体的北京西山是培育中国地学家的摇篮"，在这里，一批又一批年轻的学子掌握了认识大地山川的本领；在这里，古今中外的学者发现了一个又一个山川大地的奥秘。正是为了这一部不应该被人们忘却的历史，两位作者从浩瀚史料中辛苦梳理，编著了这本回顾和纪念性的著作。

我本人是学自然地理专业的，也算是一个地学口的人，而且机缘巧合，从学生到参加工作以至于退休多年至今，与门头沟多有交集。在北大地质地理系本科阶段，跟着地质学和地貌学老师在门头沟学到了"香峪大梁"和"马兰台地"，学到了火山角砾岩和火山凝灰岩，跟着自然地理学老师在东灵山和百花山学到了山地垂直带和阴阳坡分异，学到了植物地理学和土壤地理学的基本知识。留校工作后曾10余次带领学生暑期实习，其中就包括门头沟的山山水水，还曾承担为规划百花山森林公园所必需的植被资源调查研究任务。作为学生参与的"四清"运动，则是在当时的清水乡上清水一队。门头沟区成立永定河文化研究会后，我多次受邀参与研究会的活动，涉及古道古村落文化、东胡林人专题、长城文化、旅游文化等。

基于以上渊源，当翻开这部书稿，我的亲切之情油然而生，尤其是其中丁文江、章鸿钊、翁文灏、李四光、杨钟健、贾兰坡、林超等一大批宗师大家灿若星辰。他们的足迹踏遍北京西山，开拓的事业照亮了后人前进的道路，成为我们这一代人心中的楷模、学术的领路人。其中林超先生是北京大学地理学系的老师，我曾随老师考察北京山区数月之久。白天翻山越岭，阅读自然，晚上同炕谈心，指点人生，老师的教诲至今难忘，受用一辈子。

该书还有我特别赞赏的一项工作，就是在梳理了一大批名家前辈之后，作者专辟一栏"当代在北京西山有重要发现的地质学家"，介绍了6

位当代科学家的事迹、成就和贡献。与名家前辈一样，他们是事业的不断开拓者，是大家学习的榜样。其中有我北大研究生阶段的同年级同学郝守刚。我由衷地为这6位科学家及他们所代表的当代地学工作者点赞，也为作者的这种观点和工作举措点赞。这里还要专门提一句，今天看到刘德泉老师在朋友圈发的信息。8月10日，刘老师与中国地质科学院的专家，在雁翅镇刘公沟考察，在中晚元古代青白口系龙山组和井儿峪组地层中寻找斑脱岩，目的是对地层年代进行精确测年，在现场采集到了部分样品。我之所以要提这一条信息，因为万事万物的发展都是一条历史的长河，永远不会停息。门头沟对地学的贡献也没有尽头，地质科学以至于地学的发展也不会休止。其中最核心的要点是有一批坚持追求事业的人，是一股永不熄灭的追求之光。守得初心，方得始终。

门头沟丰厚的地质资源，以及中外地质学家在北京西山创造的灿烂地质文化是极其宝贵的财富，必将助力于门头沟经济社会发展。我想这也正是作者编著该书，门头沟区政协出版该书的目的和使命。是为序。

张妙弟

壬寅年立秋日后四天

张妙弟，原北京联合大学校长。

原北京学研究所所长，北京市北京学研究基地主任、首席专家。

北京联合大学教授，北京永定河文化研究会顾问。

导言

门头沟：中国地质学家的摇篮

石佛岭古道：位于王平镇石古岩村西，明代时，在中生代奥陶系马家沟组（距今约4亿多年）石灰岩绝壁上开凿的运煤古道。

京西门头沟区总面积1455平方千米，其中山地面积广阔。这里的山川历经亿万年沧桑变迁，地质构造古老神奇，地貌景观千姿百态，自然资源丰富，矿产资源开发历史悠久，历来是中外自然科学家钟情的调查研究"圣地"。以门头沟区地名创立的地质学术语数量众多，青白口系（纪）、下马岭组、南大岭组、窑坡组、龙门组、九龙山组、芹峪上升、马兰台地（阶地）、马兰黄土、马兰期、板桥期……这些，相比于全国其他区县，是得"地"独厚的。从两百多年前外国的"探险家"开始，直到今天，历代地学家从未停止对西山奥秘的探索。《地质科学史纲》（孙荣圭著，P201，北京大学出版社，1984年6月出版）由此写道："北京西山是中国地质学的摇篮。"

同时，以门头沟区为主体的北京西山，也是培养中国地学家的"摇篮"。这里的山山水水，印满了中外自然科学家，尤其是地学工作者和地质、地理、地貌等地学系师生们跋涉的足迹。这些足迹从此开始，延伸向全国乃至世界。而许多地球科学工作者也是从这里开创出自己的学术道路，还经常在此获得享誉历史的科技成果，让世人从此更多地了解我们的地球母亲。就这样，年复一年，在这里，一批又一批年轻的学子掌握了认识大地山川的本领；在这里，古今中外的学者发现了一个又一个山川大地的奥秘。逝去的漫长岁月，已经消磨了他们中许多人的姓名，还有他们长长的足迹。甚至，他们历经千辛万苦所获得的发现成果，有许多已尘封久久。为了这一部不应该被人们忘却的历史，我们编写了这篇回顾性长文。

对京西门头沟地质调查研究的历史，大体可分为两个阶段。其一，从清中期到清末，有一百多年，这是以外国来华人士为主的地学考察阶段；其二，从民国初年到现在的一百多年，是由中国地学人士为主体，自主调查西山阶段。

文献记载，早在十八世纪，就有外国人深入京西门头沟进行考察和标本采集。据北京大学生物系和中国科学院北京植物研究所合编的《怎样识别植物》（《农村科学实验丛书》，科学出版社，1977年出版）一书介绍，清乾隆七年（1742），法国天主教教士英加菲尔（PierreDIncarville）第一个采集北京附近植物标本，得149种；道光十一年（1831），俄国人本格（Bunge）在北京采集植物标本，得402种，其中新种有100多个。京西百花山、小五台山是外国人多次深入采集的重点区域。

京西门头沟煤田密布，煤炭资源丰富，是古都北京的能源基地。自唐末刘仁恭设立玉河县，大肆兴建大安山馆开始，一千多年以来，这里生产的煤炭，一直源源不断地供应当地及北京城市生产生活之用。京西运煤古道，竟因此成为800多年帝都的"生命线"。1840年第一次鸦片战争以后，腐朽的大清国逐渐沦为帝国主义列强的殖民地、半殖民地。一批形形色色的外国人，怀揣不同目的，络绎不绝地进出门头沟矿区。例如，汪敬虞《十九世纪西方资本主义对中国的经济侵略》一书中的《十九世纪外国资本对中国矿业的入侵·京西地区》文内，依据《英国蓝皮书》（中国，第3号，1864年，P62-67）提到这样的一位人物

1922年7月17日，地质调查所图书馆和陈列馆举行开幕典礼，中外地质学家与工作人员合影。前排左起：李捷、李学清、谢家荣、王竹泉、袁复礼等（网络）。

〔六角括号内文字由编写者所加。以下均同〕（1862 年为清同治元年，1868 年为同治七年）：

"1862 年，一个名叫柏卓安（J. M. Brown）的英国驻华使馆翻译首先进入斋堂地区，在那里进行了详细的'调查'。在给英国政府的报告中，他明目张胆地说他之所以'调查'斋堂煤矿，就是要为通商口岸外国用煤，特别是英国海军舰队用煤寻找一个'数量多、质量好、价钱便宜'的产煤地；而根据'调查'的结果，他认为应该采用西法来'开发'这个煤矿。柏卓安的建议，得到英国政府的同意，成为后来英国在〔1868 年《天津条约》〕修约谈判中所提出的要求的主要依据。"①

该书又援引《中西见闻录》（1874 年 10 月）和《字林西报》（1868 年 6 月 12 日）、《捷报》（1870 年 1 月 18 日），记述了一个英国煤商的活动（1874 年为清同治十三年、1868 年为同治七年、1870 年为同治九年）：

"与此同时，英国商人也开始行动起来。从六十年代中期起，天津一家经营煤炭的英商广隆洋行老板海德逊（J. Henderson）就开始每年到京津一带四处'踏勘煤苗'，并且从斋堂煤矿运送大批煤炭到天津，供应外国轮船使用。在〔《天津条约》〕修约谈判期间，他又进一步怂恿天津英国领事，要求〔清政府〕总理衙门准许由他修筑一条斋堂矿区到北京、天津的运煤通道。后来〔英国驻京公使〕阿礼国坚持要求西山煤窑到北京一线'先造水路'，大约就是反映海德逊的要求。"

为了获得斋堂煤炭，有个英国人甚至还深入西山，私自勘测设计了一条铁路线路，从天津大沽口通往京西斋堂。据英人威廉姆逊

---

① 汪敬虞：《十九世纪西方资本主义对中国的经济侵略》（人民出版社，1983 年出版）

P419–420

（A. Williamson）在《华北记行》附录乙所收入的一封函件，即 1868 年（清同治七年）10 月 14 日米特（T. G. Mead）致威廉姆逊的信中透露：

"世界上没有比大沽到北京过去三十哩的佛头岭这一地区更宜于建筑铁路的了。只在天津需要架设桥梁——那儿需要两座小桥，一座架在运河上，另一座架在浑河上。这一片地很平坦，一直到北京西北七十里的羊房〔今作阳坊〕，都未见石山。从羊房起有了山脉——一条向北稍偏西至南口，另一条向西，经过外国人夏天寄居的礼拜堂。两山之间，有一条坡度不大的路通到佛头岭。……从佛头岭过去一直到下马岭，除了有两座岩石拦在路上外，便没有障碍了。浑河又经过这里，绕着下马岭的脚下奔流过去。这座山可以开隧道，可以翻越过去，也可以从山脚绕过去。假令采取绕过去的办法，那就需在村落前面建起拱道，因为村落靠近山边，而山的南面是很陡峭的。沿着山边去山北面的小径约有三哩路程，路的下面就是河流。通过山尽头的几座拱道和横在浑河上的桥，便到达青白口。过此就到了斋堂，我都没有看见什么困难之处。这条路穿过一峡谷，谷内有丰富的筑路材料，垂手即得。……从斋堂及其邻近矿区，至少还有十万吨煤可以承运。此外，再借助一条通过门头沟平原和房山之间，而在卢沟桥会合，并穿过卢沟桥的短程铁路，运输量就会差不多增加一倍。因为这条铁路可以带来家家要用的软质无烟煤、青白石灰、建筑用石头、上等板石，也许还有目前很少想到的别的许多东西。[1]"

上述觊觎门头沟煤炭的各色外国人等，虽然个别人显然拥有专业学识，但是他们的调查目的不外乎外国列强的侵略和掠夺。从所扮演的角

---

[1] 宓汝成编：《中国近代铁路史资料》（1863—1911）（中国近代经济史参考资料丛刊第七种，中华书局，1963 年出版）P13—14

色来看，他们都只能算是闯入京西的冒险家。

这期间，也有一些外国人，从科学调查出发，来到京西门头沟。目前所见，早期对门头沟区进行地学考察并加以记述的，应自清道光二十九年（1849）俄国人叶·彼·科瓦列士斯基开始。此后，还有美国地质、矿床、地理、人种学、考古学家庞培里，德国地理学家、地质学家李希霍芬，美籍地学教授德雷克，德国地学博士梭尔格，瑞典地质学家、古生物学家、文化人类学家、考古学家安特生等先后到来。

据现有资料，清光绪二十五年（1899）毕业于北洋大学的王宠佑，此前在校学习期间，曾跟随美籍地学教授德雷克（N. F. Drake），赴门头沟、琉璃渠一带"看矿"和"研究地质"。王宠佑应是最早来到门头沟区进行近代地学活动的中国人，也是有清一代唯一一位来门头沟区从事近代地学活动的中国人。

1911年"辛亥革命"，孙中山领导的旧民主主义革命，带领中国从1912年开始进入"中华民国"时期。中华民国临时政府在南京成立，担任实业部矿政司地质科科长的章鸿钊发表《中华地质调查私议》等文，为培养中国自己的地质人才，开展中国地质调查大声疾呼。随后，夺取革命果实的袁世凯把首都改为北京。1913年秋，专门培养地质人才的教育机构——工商部（次年改名农商部）地质研究所，在北京、上海招考了30名学生，借用北京大学（原京师大学堂）地质学门部分教师，以及闲置的校舍、图书、标本和仪器，于10月开学了。三年学习期满，只剩下了22名学生。他们是：陈树屏、卢祖荫、王竹泉、赵志新、李学清、谭锡畴、周赞衡、杨培纶、叶良辅、李捷、徐渊摩、朱庭祜、刘季辰、徐韦曼、谢家荣、仝步瀛、张慧、祁锡祉、刘世才、马秉铎、赵汝钧、唐在勤。

1916年中国人自己培养的第一批地质学子师生合影

中国地质人才培养的开拓者章鸿钊、丁文江、翁文灏与地质研究所毕业生合影（网络）。

据章鸿钊编《农商部地质研究所一览》（京华印书局，1916年版）所载，在这三年学习期间，他们在教师丁文江、章鸿钊、翁文灏、瑞典籍矿政顾问安特生带领、指导下，或集体，或分组进行了十余次野外实习。其中地点明确在今门头沟区境的，有斋堂、门头沟、杨家屯、潭柘寺、王平村、三家店周边地区。

1916年，地质调查所所长丁文江下令，从招入地质调查所的18人（为上述原地质研究所学生名单的18名，号称"十八罗汉"。二十年后，他们当中一部分成了中国地质事业"领袖级人物"）中，抽派13人进行西山区域地质调查，完成五万分之一西山地质填图。这是北京西山历史上第一次集体进行的大规模地质调查行动，前后历经三年。成果是完成了十万分之一的西山地质图和由叶良辅执笔的《北京西山地质志》。该志于1920年出版。它既是我国地质学家的开山之作，也是京西至今最系统的第一部区域地质志。1914—1918 年，由此成为以中国地质工作者为主体，对北京西山进行地质科学考察的第一个高潮期。

民国农商部地质研究所举办的这期地质人才培养班，虽然只举办了一期，毕业了 22 名学生，但是由于教师们有深厚的专业功底、高度使命感，学生们如饥似渴地学习，吃苦耐劳地野外实习，师生们开创了我国地质事业的新时代。

1917 年北京大学地质学门恢复招生后，与设立了地学系的燕京大学（1919 年设立）、清华大学（1929 年）等，都把北京西山作为教学和实习的重要地点。谢家荣在《西山地质的新研究》（1933 年 8 月 13 日、20 日、27 日依次连载于《自然》杂志第 37 期、第 38 期、第 39 期）一文中，对此有生动的记述："每当春夏假日，或星期余暇，各大学的地系师生，常常结队往西山考察地质。这种研究虽属东鳞西爪，不成系统，然而归纳起来，也常能得到可惊的结果。"

在这期间，地质调查所"为调查西山各地的煤田及其他有用的矿产起见，还不时派遣调查队向西山考察"。并且，针对《北京西山地质志》的不完善之处需要改进，还始终"抱有重测西山地质的决心"。（资料来源同上）

20 世纪二三十年代，行迹西山的还有李四光、德日进、杨钟健、卞美年、黄汲清、李春昱、杨曾威、朱森、贾兰坡、杨杰、孙云铸、潘钟祥、熊秉信、黄秉维等。他们日后多成为大家。

1932 年暑假，地质调查所所长翁文灏开始发动北平各大学地质学师生，由谢家荣、王竹泉为指导，计荣森带队，连同清华大学、北京大学、燕京大学地质专业的助教、学生，共组成九队，实测地质详图。每队二人，各测三百余平方千米。所有旅费概由该所供给。

我国地质工作的开拓者和领导者：丁文江、章鸿钊、翁文灏、李四光（网络）。

据谢家荣《西山地质的新研究》（1932 年）等记载，此次调查的其他人员还有高振西、王钰、程裕淇、赵金科、张兆勤、熊永先、高平、王植、祁廷沛、陈恺、丁道衡、周宗浚、张寿常等二十余人。此后三年，又有多人参加。

他们当中大多数，日后都成为中国地质事业的顶梁柱。此次所测地区覆盖本区全部。文献所见有青白口、下马岭、香峪、杨家屯、门头沟、妙峰山、上下苇店、军庄、大将军岭、灰峪、石佛村、东岭台、桃园、十八盘、千军台、斋堂、王家山、灵药寺、端村、天桥浮、强风坡、潘涧村、庄户、板桥、清水尖、髫髻山南北坡，等等。

1935 年，陈恺、熊永先报道（《中国地质学会志》，14：537-567。据孙荣圭著，《地质科学史纲》P201 转引，北京大学出版社，1984 年 6 月出版），从 1932 年起，翁文灏、谢家荣、王恒升、王竹泉诸教授率领北京大学地质系师生二十余人，在四个夏天中，对西山地区进行1:5万地质填图，取得一系列新成果。

1936年出版的《地质论评》（第一卷第四期P510）刊载一则"地质界消息"，称地质调查所"自是以后，每届春夏假期，常有此项调查队之组织。前后举行已有五次，所得结果甚为满意"。

1932—1935年，成为中国地质工作者对北京西山进行地质科学考察的第二个高潮期。

1937年出版的《地质论评》（第二卷第二期P217）有一则"地质界消息"，名《地质调查所北平分所地质矿产陈列馆说明》。介绍馆内增辟一个西山地质陈列室，是由贾兰坡、李悦言布展的。

"西山地质陈列室内墙上悬有西山地质剖面图、西山地质图、西山地质构造图，以及西山地质柱体剖面图，足以供人认识西山地质及构造之大略情形。更以各时代内之标准化石，以及各种火成岩分门别类，详为陈列，益可使人对西山地质得明朗之概念"。

由此可知，这又一轮西山地质测图的大规模活动，所取得成果之丰硕，足以修撰一部新编《北京西山地质志》。

1937年《地质论评》第二卷第三期P308《国立北京大学地质学系近讯》中记载，当年，"一年级学生廿七人，由教授谭寿田〔即谭锡畴〕及助教王嘉荫两先生领导，前往西山边部作地质初步实习。由周口店、坨里、大灰厂、三家店而归北平，行程一周"。这种野外实习，因1937年卢沟桥"七七事变"的爆发而被迫中止。

抗战胜利后，直到今天六七十年，地学学者仍然把西山作为大自然天设地造的实验室，在这里不倦探索，不断取得新成果。而更多的地学家，起初则是在教师带领下，作为地质学、地貌学、地理学和其他地球科学学系大学生来到京西，通过野外实习获得实践知识，增长学术才干，逐渐成长为合格的地学工作者。甚至，有时师生在这儿，"也常能得到可惊的结果"（谢家荣语），就此一鸣惊人。从民国初年章鸿钊、丁文江、翁文灏创办地质研究所，最早成批培养中国自己的地学人才开始，一批又一批的中国地学家在这里诞生，从此走向全国，甚至走向世界，名扬海内外。在中国学术界，京西门头沟区历来被公认是"中国地学家的摇篮"。

对于曾经来到过京西门头沟区域，在此开展学术活动的所有地学人物，如果把他们的姓名搜集起来，按到来的时间先后，一年又一年，镌刻在门头沟永定河大峡谷连绵的大山巨石之上，排列如丰碑长廊，那将会是一轴永不停息延伸的宏幅巨卷。其中科学大家的姓名更是如星座璀璨，足以与山河同辉。

本书作为史料选编，仅仅简要记述他们当中的很小一部分。这些人物的小传，因受资料所限，体例有别，详略各异，无法充分展现特色个性。偶见对同一人物、事件，各类记载不一，只能经简略考证来酌定。本书还尽量通过援引、摘编原著或多方采集综合相关文献资料，来介绍他们在这里从事野外考察活动的一些情况；或者，通过他们在这里获得的发现及所取得的成果，来间接反映他们在这一片土地上的行迹。这样，有的时候仅是有关活动情况的零星记述。有时，同一则资料涉及二人或以上，分别予以引用。人名排序，大体依据到门头沟区的先后及年岁大小的双重标准。

收录地学人物在门头沟区活动的文献，这项工作只能说刚刚起步。本书也仅仅是初编草成，挂一漏万。希望这项十分有意义的工作今后能够接续进行下去。

　　一百多年来，门头沟一直都是北京、华北各大学地质、地理专业实习基地。地层中晚元古代青白口系景儿峪组约 7.8 亿年—中生代寒武系昌平组约 5.4 亿年。缺失南华纪、震旦纪 2.4 亿年地层（华北普遍缺失）。

目　录

021　翁文灏

029　陈树屏

031　卢祖荫

033　王竹泉

037　赵志新

037　李学清

038　谭锡畴

042　周赞衡

043　杨培纶

044　叶良辅

048　李　捷

051　徐渊摩

053　朱庭祜

058　刘季辰

060　徐韦曼

061　仝步瀛

062　张　慧

063　祁锡祉

064　刘世才

064　马秉铎

066　赵汝钧

066　唐在勤

068　谢家荣

079　李四光

第二部分　外国地学人物

地学人物名录初编

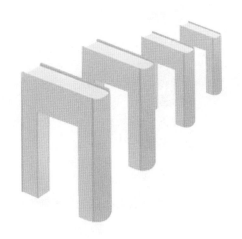

一、中国地学人物

（一）民国农商部地质研究所师生为主的第一代地质学家

邝荣光	王宠佑	章鸿钊	丁文江
翁文灏	陈树屏	卢祖荫	王竹泉
赵志新	李学清	谭锡畴	周赞衡
杨培纶	叶良辅	李 捷	徐渊摩
朱庭祜	刘季辰	徐韦曼	仝步瀛
张 慧	祁锡祉	刘世才	马秉铎
赵汝钧	唐在勤	谢家荣	李四光

（二）北大清华地质系毕业生为主的第二代地质学家

孙云铸	杨钟健	俞建章	王恒升
丁道衡	黄汲清	李春昱	赵金科
高振西	王 钰	计荣森	贾兰坡
高 平	林 超	程裕淇	马杏垣
郝诒纯（女）	乔秀夫	丁国瑜	

（三）当代在北京西山有重要发现的地质学家

王鸿杰	鲍亦冈	郝守刚
吕金波	高林志	苏德辰

二、外国地学人物

科瓦列士斯基	庞培里	李希霍芬
德雷克	梭尔格	安特生

第一部分

中国地学人物

一、民国农商部地质研究所师生为主的第一代地质学家

◎ 邝荣光

邝荣光（1860—1962），中国编绘第一张区域地质图的地质矿产学家，中国第一位踏勘门头沟煤田与地质的学者。祖籍广东新宁（今台山市）台城岭蟹背村。其父为商人。为与葡萄牙人做生意，全家迁居紧邻澳门的珠海拱北北岭。中国第一批三十名出洋留美幼童之一。清同治十一年壬申秋（1872年8月11日），十二岁（"具结"记为十岁）时，作为"官学生"赴美

留学。中学毕业后考入拉法叶学院攻读地矿专业。光绪七年（1881），清政府下令留美官学生一律撤回。归国后，先被分配到直隶唐山开平煤矿，后任采矿工程师。后在山东招远、平度、海宁、林城煤矿等地，历任总工程师、总办等职，发现了湖南省湘潭煤矿。1905年任直隶省矿政调查局探矿师（总勘矿工程师）、顾问官，商务部直隶矿务议员，民国

初期，担任山西同保煤矿总经理。他不仅在国内担任要职，在国外也有名望，是美国矿师会会员、国际矿务会议员等。1908 年，邝荣光参与中国地学会的筹建。1962 年病逝于天津，享年 102 岁，是当年留美幼童中最长寿的。

宣统二年（1910），邝荣光在中国地学会主办的刊物《地学杂志》创刊号卷首发表《直隶地质图》。该图长 36 厘米，宽 24 厘米。着色。图上标有"矿师邝荣光绘并识"。《直隶地质图》比例为 1:250 万。本图把大体位于今京、津、冀地域的地层，划分为太古代、甘布连纪（今名寒武纪）、炭精（今名石炭纪）、朱利士纪（今名侏罗纪）和黄土层。此外，图上还分出太古代火石、甘布连火石和近今代火石。火石就是火成岩。图中，甘布连纪（包括震旦亚界和奥陶纪）广泛分布在太行山、北京西山和冀东地区。中国当代地质大师黄汲清在《我国地质科学从萌芽阶段到初步开展阶段中名列第一的先驱作者》一文中认定，邝荣光是"中国第一位编绘第一张区域地质图的学者"。并指出，"图的内容虽很简单，但它是著者亲身踏勘的结果，而不是照抄前人，所以值得重视"。

《直隶地质图》后附有《直隶矿产图》。其比例尺与地质图相同。图中标明煤、铁、铜、铅、银、金的产地。"煤"还大致画出煤田范围和地层走向。

《地学杂志》第一卷在第二号"说郛"栏内载有邝荣光所著《直隶矿产说》。在第四号载有《直隶石层古迹图》，标"矿师邝荣光考察并绘"。这实际上是一幅古生物图版。黄汲清认为，该图印出 8 种化石（古迹），即三叶虫、石芦叶、鱼鳞树、凤尾草、蛤、螺、珊瑚和沙谷棕树叶，绘画相当精美，描绘得相当准确，几乎可以从种鉴定到属。"这是中国人自己采集、自己绘画、自己初步鉴定的化石。"因此，邝荣光同时获得"中国第一位编绘古生物图版的学者"的殊荣。[①]

　　锯子港：沿河城地区只有三四米宽的微型嶂谷，地层晚元古代，距今约 15 亿年。

　　① 据麦博恒《邝荣光——台山第一位中国第一批公派幼童留学生》（中国台山门户网站，2009 年 11 月 11 日发布），徐润（雨之）《徐愚斋自叙年谱》（北京《文史资料选编》第二十九辑 P164–175 刊谢兴尧《记清季派遣幼童出洋》转引），黄汲清《辛亥革命前地质科学的中国先驱》（中国科技史料 1982 年第 1 期 P9–10），黄汲清《我国地质科学从萌芽阶段到初步开展阶段中名列第一的先驱作者》（王鸿祯主编《中地质事业早期史》P20–21，北京大学出版社，1990 年出版），于友明等编《地质老照片》（地质出版社，2004 年出版 P6–7）等编写。

◎ 王宠佑

王宠佑（1879—1958.8.31），字佐臣，广东东莞人，出生于香港。他是中国第一位到京西门头沟进行野外地质实习的大学生，也是中国第一位学习地质并取得硕士学位和博士学位的留学生。1893—1895 年在香港皇仁书院就读。1895—1899 年入天津北洋大学，毕业于北洋大学采矿系。1901—1904 年在美国加州大学、哥伦比亚大学学习采矿学和地质学，获硕士学位，又赴英国、法国、德国，专攻地质矿业，获博士学位。有人说，他才是获得地质学博士学位第一人，而非翁文灏。1918年回国。他一生担任过多种矿冶公司技师、总经理，还担任过广东省府矿业工程师及工商司司长、农矿部技正、资源委员会代表等职。他由于从事锑矿实业，做过大量有关锑矿事业的工作，成绩斐然，素有"锑矿大王"美称。他在抗战后期移居美国。他是中国地质学会的创始会员，担任过评议员、会长。他于清光绪二十一年至二十四年（1895—1899）在北洋大学矿冶科矿学习期间，在美籍教授德雷克（N. F. Drake）带领下，考察京西琉璃渠（即琉璃局）、刘家岭、枪峰坡一带地质和煤田。[①]

清末在天津北洋大学攻读采矿系的王宠佑后来有一段回忆，讲述他当年跟随外国教授到北京西山"看矿"和野外地质实习的感受。他写道：

[①]　据张以诚《我国近代地质事业史上最早的地质学家》（王鸿祯主编《中地质事业早期史》P74-76，北京大学出版社，1990 年出版），安延恺《从北洋西学学堂矿冶科到北洋大学地质系（1895—1947）——历史史实回顾》（《中外地质科学交流史》P46，石油工业出版社，1992 年出版）等综合编写。

"窃尝思各国科学日新月异，均有长足之进步；而立国之基、富强之道，则启发宝藏尚矣，是矿学之重要不言可知。然授之于口，聆之于耳，求之于简篇，固亦可得梗概，究不如实地研讨之，能宏造诣也。是以每于暑假期内，从外国教授德雷克（Drake）氏赴山看矿，研究地质。长途跋涉固甚劳苦，此不仅于学业可以猛进，而于身体亦收锻炼之功。"[①]

1933 年夏，章鸿钊、丁文江、翁文灏等合影于北京豆芽菜胡同葛利普寓所（网络）。

① 安延恺《从北洋西学学堂矿冶科到北洋大学地质系（1895—1947）——历史史实回顾》（《中外地质科学交流史》P46，石油工业出版社，1992 年出版）文中转引。

◎ 章鸿钊

章鸿钊（1877.3.11—1951.9.6），字演存（一作演群），号爱存，笔名半粟。中国地质学元老、中国地质科学事业奠基人之一。他是中国第一位撰写中国区域地质论文的学者、中国第一位地质学教师、中国第一位地质行政机构主官。中国地质学会创始会员、第一任会长。他也是第一位汇编北京西山区域地质实习报告而成书的中国学者。

清光绪三年生于浙江湖州城南荻溪。幼年入家塾读书。1904年考入上海南洋公学东文书院。1908年9月，入日本京都第三高等学校理科。次年毕业后，入东京大学理学院地质系。同年加入中国地学会。1911年6月毕业，获理学士学位。归国后，9月赴京师清学部应留学生考试，获"格致科进士"。遂任京师大学堂农科大学地质学讲师。1912年1月，中华民国成立，任南京临时政府实业部矿政司地质科科长，成为中国第一个地质机构的主官。9月改任北京政府农林部技正，兼任北京高等师范学校博物系地质矿物学讲师，此后还兼农林部办农政讲习所教师。1913年11月，丁文江离开北京后，代理工商部地质研究所所长，主持研究所及教学。次年1月，工商部与农林部合并为农商部，2月章氏任地质研究所所长。1916年1月任地质调查所地质股长，后升任地质组主任。1918年起，在恢复招生的北京大学地质系教授矿物学。1922年发起成立中国地质学会，被推选为首届评议会（理事会）会长，并创办了中国第一本地质学刊物——《中国地质学会志》。1928年随地质调查所迁南京，因病辞去职务。1932年任农矿部设计委员会委员。1936年任故宫博物院专门审查委员。1937年任中央研究院地质研究所特约研究员。1949年9月受聘于浙江省人民政府财政经济处地质研究所顾问。1950年任中国地质工作者指导委员会顾问，受聘为中国科学院地质学科专门委员。次年9月6日病逝于南京。

章鸿钊作为中国第一代地质学大师兼中国科技史大家、中国考古地质学奠基人，学识渊博广大，一生著述等身。他的《三灵解》《石雅》《火山》《洛氏中国伊兰卷金石译证》《中国温泉之分布》(《中国温泉辑要》)、《宝石说》《水经注类释》《古矿录》《声律拾遗》《中国古历析疑》《竹书纪年真伪考证》《岩石学名词》《地质学论丛》《地质学与相对说》等，影响深远。他所撰写的《中国研究地质之历史》及《中国地质学发展小史》等保存了极其珍贵的中国早期地质学发展史料。

章鸿钊是中国地质教育事业最早的倡导者。早在1912年初任南京临时政府实业部矿政司地质科科长时，他就提出中国需要建立地质讲习所，培养地质人才。他也是中国地质教育事业的开创者之一。作为中国第一代地质教育事业大师，门下高足如云，桃李满天下。他的《地质研究所师弟修业记》(与翁文灏合编)是研究所师生撰写实习报告的汇编。1916年由中华书局出版，成为我国第一部区域地质专著。该书把地质研究所师生在三年学习期间，跨越六七个省，进行了十多次实习，所写的69篇地质调查报告加以整理。《修业记》全书共分六章，分别描述了调查范围并有附表及总图；从太古界、元古界、寒武纪到第三纪、第四纪的系统；各类火成岩及其时代；构造的内容；矿产的内容主要涉及煤田和铁矿；结论主要论及南北地层概述及其对比，各时代的变迁及中国地质与矿产的关系。《修业记》的结论尤为精湛，书中所附剖面图、构造图等更是精美细致。两位中国地质事业创建人章鸿钊、翁文灏地质大师专为《修业记》撰写了序，序中展示了当年建所的艰辛和办学的艰苦历程。①

1913年10月初，地质研究所借北京大学预科旧址马神庙开学，章鸿钊与丁文江兼职担任授课教师。地质研究所最初招收学生30名，但开学后即有学生自动退学，11月后仅剩23人。第二学年起又缺1人未报到，直到结业时保持22人。1915年春，当第五个学期结束的时候，根据章鸿钊等的意见，决定废除原有的甲、乙分科，减去一些理论性课程，增加一些实用性课程。同时增加野外实习时间。规定，实习师生每次实习之后都要做报告。学期终了时，全面审定野外实习报告。审定通过之后，才能参加期终考试。地质研究所开办3年中，从事野外实习共100多天、7省40余处。其中北京西山被列为一处。实际上，当时师生的脚步遍及今京西门头沟区的山山水水，并以今门头沟区为中心，扩展到邻近的怀来、房山等地。章鸿钊在几十年的地质教育生涯中，曾多次深入北京西山，带领学生进行野外考察。例如，据《农商部地质研究所一览》（京华印书局，1916年版）所载，1915年9月23—26日，安特生、章鸿钊、丁文江各带一组分赴宛平等地实习。10月14—17日，章鸿钊率一组，翁文灏与丁文江共率一组，分赴宛平等地实习。此后，章鸿钊仍去过门头沟考察。

---

① 据《民国人物大辞典》（河北人民出版社，1991年，石家庄）P867，王根元、孙荣圭《章鸿钊年谱》（王鸿祯主编《中国地质事业早期史》P266-268，北京大学出版社，1990年出版），宋广波《丁文江与中国地质事业初创》（《北京档案史料》2005年第4期）P168，李学通《中国地质事业初期若干史实考》（对话网，2006年5月6日发布）等综合整理、编写。

"原来地质研究所是为了养成地质调查人才而设的，实地训练，又是最紧要的一件事。丁先生便首先倡议，每一星期，必由教员率领，分组实地工作一次。因此，我们也得着分头参加的机会。环北京城数百里间，斧痕屐印，至今还处处可寻。实习回来，每组必须提出报告，归教员负责审查，指示得失。所以，地质研究所毕业诸君在当时已能人人独立工作。那一部《北京西山地质志》，就是他们东方破晓的第一声"。①

"京西琉璃渠有琉璃窑焉，自昔为烧琉璃瓦之所〔《元史·百官志》：大都四窑场，领匠夫三百余户，营造素白琉璃砖瓦。至元十三年（1276）置。其属三：南窑场中统四年（1263）置、西窑场至元四年（1267）置、琉璃局中统四年（1263）置〕（案，今琉璃渠，当即'琉璃局'之音讹）。前清由工部设官监造。鼎革后，改为商办。其土即取之山麓，碎石为之。而浑河经流其间，日夕浪淘。所积泥沙，亦颇洁白，细腻可用。

戊午（1918）夏，予陟访之，冀观其制油（读去声。今通作'釉''□'或'汹'）之法。而窑中人秘不肯语。但云，油有蓝、紫、黄、绿、黑、白六种。而蓝之浅者曰翠，紫有深、浅二种，黄有深黄、中黄、浅黄三种。合之，略与史籍称'大秦十种琉璃'相似。惟其所取材与配制之法，悉未能详。"②

---

① 章鸿钊：《我对于丁在君先生的回忆》（原载《地质论评》第一卷第三期P227，1936年出版。现据《丁文江印象》（学林出版社，1997年出版）P102–103

② 章鸿钊：《石雅》（《民国丛书》第二编88辑P21，上海书店据中央地质调查所1927年版影印）

鸱吻：天安门大殿正脊上的鸱吻，备用件（门头沟琉璃渠瓦厂烧造）。

◎ 丁文江

　　丁文江（1887.4.13—1936.1.5），字在君，笔名宗淹。江苏省泰兴县黄桥镇人。中国地质学家、中国地质科学事业奠基人之一。中国第一个地质学教学机构首脑。中国地质学会创始会员。清光绪十三年生。十七年（1891）入私塾，开始读《四书》《五经》，接受中国传统文化教育。光绪二十七年（1901）投考上海南洋公学。次年赴日本留学。光绪三十年（1904）返国，转而赴英国留学。起初在林肯郡司堡尔丁上中学，后考入剑桥大学。半年后因经济困难而退学。1908年考入苏格兰的格拉斯哥大学，学习动物学、地理学和地质学。1911年以动物学、地质学双学科理学学士资格毕业。4月转道越南西贡入云南，走贵州、湖南等地，搜集古生物和地层标本，体验明代徐霞客游历探险感受。这是中国人从事地质旅行，进行野外考察的开始。此后赴京师参加清学部应留学生考试，获"格致科进士"。民国元年（1912），在上海南洋公学任教。1913年到北京，担任北洋政府工商部矿政司地质科金事、科长、工商部秘书。中英"庚款"顾问委员会中国委员。当年秋建地质调查所和地质研究所，任两所所长（后因赴云南考察，改由章鸿钊任地质研究所所长）。地质研究所借北京大学地质学系旧址，招收地质学学员，为期3年，培养出21名能力极强的中国地质学人才。内有毕业生18名入地质调查所，使其从原来仅丁文江一个"光杆司令"专家的空壳，很快成为达到世界水平的地质科学研究机构。1921年，为家庭生计所累，辞去所长之职，担任热河北票煤矿公司总经理。丁文江积极参加了中国地质学会的筹创，他是该会26个创立会员之一，并在1922年2月3日的成立大会上当选为首届评议员兼编辑主任。后又当选为第2届（1923年度）、第6届（1928年度）会长。

　　1926年被军阀孙传芳任命为淞沪商埠督办总署全权总办，当年底即辞职。1928年重返地质调查所。1931年被聘为北京大学地质研究教授。1934年接受中央研究院院长蔡元培的请求，任中央研究院总干事。次年底，应铁道部之请，到湘南探查粤汉铁路沿线煤矿。1936年1月5日，因煤气中毒引起并发症，以身殉职。遵其"死在哪里，葬在那里"的遗嘱，并未葬在原籍或北京。著有《徐霞客年谱》《苏俄旅行记》《中国官办矿业史略》《扬子江下流之地质》《第一次矿业纪要》（与翁文灏合著）、《外资矿权史资料》、合编《中国分省新图》（1933）、《中华民新地图》（1934）等。

1913 年，丁文江初到工商部地质科任职。他在《地质汇报·序》（农商部地质调查所 1919 年印行）中回忆（六角括号内文字为编者补）：

"文江至〔地质科〕，张君〔工商部矿政司司长张轶欧〕指其侧之一席曰：'此君冶公处也，君其安之。'余默然就席座。自晨至夕无所事。觅图书不可得，觅标本亦不可得。出所携李希霍芬书读之。书言京西地质中，有斋堂地名。询之同官者，皆谢不知。"

正是在这令人窒息的办公室中，丁文江开始了对京西的关注。他不能忍受这种"根本没有公文可办"，无事可干的机关环境，更无法忍受与外行同事的话不投机，于是便想法子为自己创造条件去改变。他在《漫游散记》（六）（载《独立评论》第 13 号，第 16 页）中写道：

"我这一科里有一个金事，两个科员，都不是学地质的。……我屡次要求〔地质考察〕旅行，部里都说没有经费。只有两次，应商人的请求，由请求人供给旅费，曾作过短期的调查。"

"应商人的请求，由请求人供给旅费。"这种解决经费问题的方法，后来成为丁文江领导地质调查所大力开展野外调查的大法宝，而这种调查恰恰又紧密联系社会实际。

丁文江是中国地质学和地质教育事业的奠基人之一，是伟大的开创者、领导者和实践者。他终生以"登山必到顶峰，移动必须步行"，"近路不走走远路，平路不走走山路"为科学考察的准则，被誉为"二十世纪的徐霞客"。他不仅坚持不懈地身体力行，并以此谆谆教导学生。在地质研究所教学中，他给师生印象最深刻的，是格外注重实地观察。他要求来年夏天即将毕业的学生，须加以实地训练。丁文江并非在课堂指手画脚，他的指导往往是亲自带队前往西山。他向同事倡议，决定每星期前后三四日间，分组赴京郊等地实习，并由丁文江、章鸿钊、翁文灏

　　九龙山与南大岭：是侏罗纪南大岭组、窑坡组、龙门组、九龙山组，四个组级单位的命名地。煤炭蕴藏丰富，采煤历史悠久。门头沟煤系所在地。

　　南大岭组，变玄武岩（火山岩），距今 2 亿—1.9 亿年；窑坡组是主要含煤地层，距今 1.9 亿—1.8 亿年；龙门组、九龙山组，距今 1.7 亿—1.6 亿年。

三位各领一组，同时分道前往。据翁文灏《对于丁在君先生的追忆》（《独立评论》第 188 号，1936 年 2 月出版）回忆，当时，丁文江说：

　　"要使学生能独立工作，必须给他们许多机会，分成小组，自行工作。教授的责任尤在指出应解决的问题，审定学生们所用的方法，与所得的结果。"

　　丁文江一生的足迹远及内地边陲，几乎遍及中国大地。他在京西门头沟也多次留下了辛勤的脚印。

叶良辅在《北京西山地质志》中记述，"民国三年，所长丁文江追踪李〔希霍芬〕氏，由斋堂旅行至天津关，作一剖面图"。丁氏学术著作面世数量不多，他的这幅剖面图附印在《北京西山地质志》里，得以保留至今。图中记有双石头、爨底下、柏峪、天津关一线的地质剖面。与李希霍芬当年绘图比较，进行了更正，十分珍贵。

《地质汇报》第1号（农商部地质调查所，1919年印行）发表丁文江《直隶山西间蔚县、广灵、阳原煤田报告》。内记，在带领学生三赴西山之前，1915年春，丁文江、张景澄经北京西山斋堂，赴蔚县一带调查煤田。途中忽遇大雪，无所得食。他不肯放松，与同行的张景澄购买"油麦"（莜麦）、胡麻油做食充饥。

《北京西山地质志·引言》记，1914年至1915年，地质研究所学员在丁文江等教师"指导赴西山实习，于是西山地质渐与〔叶良〕辅等相亲近"。

据《农商部地质研究所一览》（京华印书局，1916年版）所载，1915年9月23—26日，安特生、章鸿钊、丁文江各带一组分赴宛平等地实习。其中丁文江率叶良辅、祁锡祉、杨培纶、李捷、陈树屏赴门头沟。同年10月1—3日，翁文灏、丁文江各率一组，分赴宛平实习。其中丁文江率刘季辰、徐渊摩、唐在勤、张慧、谢家荣、王竹泉、卢祖荫、全步瀛赴杨家屯。又记10月14—17日，章鸿钊率一组，翁文灏与丁文江共率一组，分赴宛平等地实习。其中丁文江率赵汝钧、徐韦曼、朱庭祜、全步瀛、张慧、李捷赴潭柘寺。

1916年，地质研究所完成学业，取得毕业证书的有18人，全部被招入地质调查所。他们是：叶良辅、王竹泉、赵志新、谢家荣、朱庭祜、谭锡畴、李捷、陈树屏、张慧、祁锡祉、杨培纶、徐韦曼、徐渊摩、刘季辰、卢祖荫、李学清、周赞衡、全步瀛。

这 18 人，号称当时地质界的"十八罗汉"。其中一部分，后来成了中国地质界的"领袖级人物"（胡适语）。

另据潘江《农商部地质研究所师生传略》（《中国科技史料》第 20 卷第 2 期，P130–144，1999 年）等资料所援引，地质研究所其余 4 名未卒业（未取得毕业证书）学生中，刘世才、赵汝钧、马秉铎 3 人也同时入地质调查所。仅唐在勤一人没有进入地质调查所，余情不详。

叶良辅在《北京西山地质志·引言》中记，1916 年夏，地质研究所毕业生调入地质调查所后，所长丁文江派遣其中 13 人再赴西山，完成五万分之一的地质填图。调查结果经丁文江等指正，于 1920 年出版我国地质学者的开山之作——至今仍价值不凡的传世名著《北京西山地质志》。

1921 年，丁文江在《农商公报》第 7 卷第 11 期发表《北京马路石料之研究》。文中从石料硬度、固度和损伤度的数据出发，认为所用的周口店纯石灰岩、南口硅质石灰岩、亮甲店变质砂岩均有缺陷，只有三家店的辉绿岩最合用。当时，门头沟及三家店所产的辉绿岩（今定为玄武岩）石料，出自侏罗系南大岭组岩层。到现在，它已得到推广，用作高速公路路面等建设的高等级最佳骨料。90 年前，丁文江不仅在门头沟发现优质公路石料，遗惠至今，他也因此成为中国研究工程地质的第一人。

此后，在北京大学地质系任教期间，他对地质系系务多加改进，要求室内野外分途研习，师生共任登山临渊跋涉之劳。由此形成北大地质系的黄金时代。事实证明，丁文江的想法和做法非常成功，他的言传身教为中国培养出第一批高水平的、在今后半个多世纪都肩扛中国地质事业大梁的骨干精英。1931 年，丁文江应北京大学校长蒋梦龄之聘任该校地质系教授，讲授《普通地质学》等课程。丁文江是一位极端认真负责的严师，他虽学识渊博，但往往还要以讲课时间的3倍用于备课。他精心编写讲义，准备挂图、标本也力求完备，本校不够的，就托中外朋友帮忙。由于准备充分，教学效果很好。他讲课诙谐生动，深入浅出。他常用些掌故小说及戏曲歌谣故事打比方，再加以科学解释。他常常亲自带领学生去野外实习，甚至牺牲假期休息时间。凡预定实习的地点，他必先去一趟，然后再带学生去。野外实习时，吃饭、住宿、登山、休息，他一概与学生完全一致。无论地质实习时间长短，一切所需物件都要求齐备。有时有的人以为一两天短期旅行可以随便对付，无须大整行装，丁文江却说："固然有些地方可以对付，但是不足为法！带领学生必须照规矩，以身作则。不如此，学生不能有彻底的训练，且有亏我们的职责！"后来，给他当过几年助教的高振西撰文说："这样的教师，丁文江先生，给予学生们的好处不只是学问知识同治学训练，他那活泼的精神，任事的英勇，训练的彻底，待人的诚恳，……无形之中感化到学生身上的实在更为重要。"丁文江在北京大学任教3年，这一时期的学生中亦不乏后来中国地质学界的精英。如赵金科、王钰、张文佑、孙殿卿、崔克信、阮维周、卢衍豪、郭文魁、岳希新、叶连俊等。①

"到一九一五年春季，〔地质研究所〕师生分队去北京西山一带作地

① 据《民国人物大辞典》（河北人民出版社，1991年，石家庄）P3，王德孚、孙荣圭《丁文江年谱》（王鸿祯主编《中国地质事业早期史》P258–261，北京大学出版社，1990年出版），《丁文江印象》（学林出版社，1997年，上海）P117—119、269–274等，《北京西山地质志》引言P1–8、中文P8–9、英文P8，宋广波《丁文江与中国地质事业初创》（《北京档案史料》2005年第4期）P164–181，朱庭祜《我所知道的丁文江》《记中国地质调查工作创始时期》（分载《文史资料选辑》第八十辑P17–24、25–28，文史资料出版社，1982年出版），潘云唐《我国地质事业的奠基人——丁文江》等综合编写。

质旅行，我和同学七人跟他〔丁文江〕到斋堂附近。山高路险，同学们初次锻炼，多叫起苦来。丁用种种方法鼓励大家，每天必要达到目的地为止。如将到目的地，而时间尚早，则多绕一点山路，多看一点地质，沿途还要考问。"①

"丁所长主张，调查地质者必须短装步行，亲身携带铁锤（敲石头）、指南针和倾斜仪（定方向，测倾斜）、放大镜（看微小矿石）和小刀（定硬度）。一路用心观察，采取标本，并用走路速度或步数为距离标准。将一切考察所得，记在图上。每天晚上，整理笔记，平面图和剖面图并为注重。他还鼓励大家学会平面测量制作地质图的方法，认为这是我国调查地质和矿产的必要途径，必须看重。遇到登高行远的时候，他均嘱携带气压计以定高度，用望远镜以看环境。"②

"李〔希霍芬〕氏曾在柏峪见砂岩与页岩直接于矽石灰岩之上。但其上有四百公尺之纯灰岩，复上乃为红色页岩，其层位似与西山所见不同。民国三年，所长丁文江追寻李氏，由斋堂旅行至天津关，作一剖面图。与李氏所见者相较，始知李氏所记微有错误。实则柏峪之砂岩页岩层与下马层，其性质、层位皆一也。"③

---

① 朱庭祜：《我所知道的丁文江·三 注重实地考察》（《文史资料选辑》第八十辑P20，文史资料出版社，1982年出版）

② 翁文灏：《回忆一些我国地质工作初期情况》（《中国科技史料》第22卷第3期第198页，2001年出版）

③ 叶良辅：《引言》《北京西山地质志》（地质专报甲种第一号，1930年实业总署重印本）P8—9

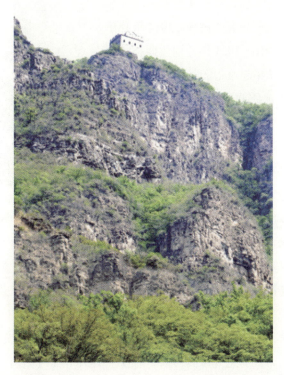

龙门涧与碉楼：明代黄草梁七座楼长城最西边一座碉楼扼守东龙门涧峡谷。地层中元古代雾迷山组为主，距今约 15 亿年。

◎ 翁文灏

翁文灏（1889—1971），字咏霓，别名存璋、永年、憨士。民国地质学元老之一。清光绪十五年出生于浙江省鄞县石塘村。二十八年（1902）考中秀才。三十二年（1906）赴上海考入震旦公学学习自然科学。两年后赴比利时入罗文大学地质系。1912 年获物理学及地质学博士。他是中国的地质学博士第一人。1913年春归国，任工商部（次年与农林部合并称农商部）地质研究所讲师。1914年升任专职教授。1916—1921年任地质调查所矿产股长。1917年起兼北京大学地质系教授。1919年代理地质调查所所长。1921—1926年任地质调查所所长。1922年在布鲁塞尔第十三届国际地质会议被选为国际地质会议理事、副主席。中国地质学会创始会员，1924年当选为中国地质学会第三届理事长，

此后又任第五、第九、第十八届会长。1926—1938年任地质调查所所长。1929年兼清华大学地理系主任、教授。1931年一度任清华大学代理校长。1934年担任中国地理学会第一任会长。从1931年"九·一八"事变起，抱着"书生救国"的天真想法，他开始步入政界，进行令他后悔终身的"书生从政"。1948年被中国共产党列为头等战犯。1949年1月任总统府秘书长，中华人民共和国成立前夕避居香港。次年赴法国。年底，毛主席、周总理邀其回国。翁遂于1951年1月归国。后历任政协全国委员会委员、国民党革命委员会委员、常委等职。1971年1月17日在北京病逝，终年82岁。

他于1914年写出中国人所著第一部《地质学讲义》。1919年出版他撰写的巨著《中国矿产志略》（刊于农商部地质调查所地质专报乙种第1号）。该书还附有中国第一张全国地质图即《中国地质约测图》，比例尺为1：6000000。他还著有在中国地质学史上具有开创意义的《甘肃地震考》《中国地震》《中国山脉考》等重要文章。他于1926、1927年在《科学》杂志先后发表的论文《中国东部中生代造山运动》《中国东

部中生代以来地壳活动及火山运动》首次提出了著名的"燕山运动"概念，作为中生代大规模造山运动的命名，并进行了阐述。这一认识改变了地台稳定不变的传统观念，开创了中国构造地质研究的新时期。他1930年出版的《锥指集》汇集了此前历年的讲演稿和文章。书名取庄子云："以管窥天，以锥指地，不亦小乎？"之意，风趣地把地质学比喻为"以锥指地"之学，并自谦"而吾之所得为尤少"。

在地质研究所任教期间，翁文灏与丁文江、章鸿钊这三位民国地质元老，有时还有农商部顾问安特生，经常轮流或分组带领学生去北京西山等地野外实习。丁文江曾建议每周必由教员领队实习一次。据王仰之《我国早期的地质教育》文中引用《农商部地质研究所一览》（京华印书局，1916年版）记载，1914年共安排了两次集体去北京西山实习，各用5天及1天。1915年，野外实习次数增加到8次。其中4月3—12日分组到斋堂等地10天，8月27日—9月10日分组到门头沟等地21天，9月23—26日分组到门头沟等地4天，10月1—3日分组到宛平、杨家屯等地3天，10月14—17日分组到潭柘寺等地4天，11月13—23日分组到北京宛平王平村等地11天。这些实习翁文灏大多参加。有时单独，有时与丁文江、章鸿钊等一起带队去西山。他当时才二十六七岁，风华正茂，意气风发。杨新孝在《中国近代地质学奠基人翁文灏博士》一文中动情写道：

"使我们难忘的是，他同丁文江二人北渡浑河，登玉带山，敲球状风化之辉绿岩，定南北走向之逆断层。遥想这二位中国地质科学先驱并肩挥锤，指点河山，开一代地学风气，确实令人神往！"

从1932年起，翁文灏、谢家荣、王恒升、王竹泉诸教授率领北京大学地质系师生二十余人，在四个夏天中，对西山地区进行一比五万地质填图，取得一系列新成果。

翁文灏这次带领学生去门头沟，除野外考察外，让人意想不到的还有一件事，竟然会是募捐。原来，北洋时代，拖欠各机关经费是司空见惯的事情。幸运的是翁先生除社会地位外，具有极高的社会声望，又有很强的个人活动能力，十分善于为地质调查所从各方面争取经费。对此，2002年4月23日，原地质调查所的老人胡承志曾有一段令人啼笑皆非的生动回忆：

"那时，翁先生带着王恒升等两三个学生，夹着一个本子，到各处矿上去'化缘'。到了一个煤矿，那个办公室的炕上，躺着两个人正在抽大烟。他们是矿上的经理。两个经理躺在床上，几个学生夹着本子站在那儿。翁先生就在屋里来回走，也不好开口。那两个人一边抽烟还一边说：'你别看翁先生个不高，可是他在外国吃过面包，是洋博士。'等他们抽足了烟，才起身跟翁先生说：'你们怎么没坐呀。'这才起身开始招待。翁先生开口说：'现在我们要干什么什么，需要一笔钱，希望你们捐一点。'他们说：'那好办。'叫账房来，王恒升把本子拿过去，签字：'给大洋三千元。'然后根据这个到账房去取支票。"①

1916年夏，农商部地质调查所所长丁文江下令，测勘北京西山一带地形地质，完成五万分之一的西山地质图。所派遣叶良辅等13人，都是新入所的原地质研究所毕业生。根据调查，完成了十万分之一的西山地质图，并写成我国第一部区域地质志——《北京西山地质志》。此书的中英文编纂者为叶良辅，但第二章"火成岩"标题下注明"本章系翁

---

① 据《民国人物大辞典》（河北人民出版社，1991年，石家庄）P732，张九辰《地质学与民国社会：916—1950》（山东教育出版社，2005）P77、110等，黄汲清《我国地质科学从萌芽阶段到初步开展阶段中名列第一的先驱作者》、杨遵仪《清华大学地学系》（1929—1937）、王元《章鸿钊与中国地质教育事业》、杨新孝《中国近代地质学奠基人翁文灏博士》（王鸿祯主编《中地质事业早期史》P26—28、111—112、129、233—236，北京大学出版社，1990年出版）、王仰之《我国早期的地质教育》（中国科技史料，1982年第1期P81）等综合编写。

文灏博士所作"。作为该章作者，翁文灏在文中说明，"惜火成岩石分布甚广，而调查者大半致力于测量，未能详细研究耳"，因此，此章是他依据地质总图所示，利用此前自己多次深入西山的调查研究，并带队指导地质研究所学生的野外实习成果写成的，反映了翁文灏在西山的辛劳行迹。现摘选有关门头沟区的部分内容。

"……上苇甸附近，亦有花岗岩之小侵入体。岩石全体组织极匀。据调查所及，其中并无后来之侵入体。裂痕颇多。自中心以至边缘，岩石因裂痕而呈层形。……

岩浆侵入岩体：侏罗系，闪长玢岩，位于斋堂镇双石头村东，侵入岩体形成断崖高耸，山崖滚落的巨石成为山谷中村落的标志景观，双石头村因石头而得名。

（温泉寺之南石灰石已变为大理石）羊房西与上苇甸东南一带花岗岩则与髫髻山系接触，似为断层所致者也。……此外变质之著者如门头沟之南、戒坛寺之北、罗侯岭之东及磨石口之北，皆是杨家屯系及门头沟系，均变为结晶片岩。罗侯岭近处门头沟系或九龙山系之底部，其片岩中有斜十字石之结晶。既有此种新矿物之发生，又以变质各地分布之复杂，在地质构造上无可归纳，故不能徒以动力说明之，则吾人又不得不归诸深处地下之花岗岩之变质作用矣。……

西山之九龙山系岩石率呈板状，甚坚致。……"①

"今所指辉绿岩者，实为一种深绿色之岩石，晶粒甚细，普通夹入于二叠三叠纪硅质砂岩与侏罗纪煤系之间。此种层位关系，在九龙山内斜层四周尤为一致。由门头沟，经南大岭、瓜草地、挹〔色〕树坟及至冷阁〔各〕庄，为断层所绝。计长不下十八基罗米突，平均厚度为300至500米突，极无变迁。惟门头沟附近，辉绿岩加厚且侵入于侏罗纪煤系之内矣。浑河以东，辉绿岩仍继续延长，露于磨石口之南北。八大处之虎头山即此。九龙山内斜层之北翼，经断层中止后，由冷阁〔各〕庄至琉璃渠，复渡浑河而东至三家店。北经东村、孟窝，直达平原之东〔西〕缘，仍在砂岩与煤系之间，层位未尝稍变。计内斜层长度为十六基罗米突，宽六基罗米突。如此，该辉绿岩层有面积九六平方基罗米突。其被侵蚀而去之部分，犹未计入也。

王平村外斜层之北，又有一长带之辉绿岩，作北东东、南西西向。长约三十二基罗米突，平均厚度自300至400米突。自禅房村之北至千军台之南，硅质砂岩虽较他处为薄，但辉绿岩仍居于砂岩与侏罗纪煤系之间，层位亦未尝稍变也。自此而西而东，砂岩渐绝迹，辉绿岩直成为划分侏罗纪煤系与石炭纪煤系之唯一岩层矣。"②

---

① 翁文灏：《火山岩》(《北京西山地质志》第二章 实业总署 1930 年重印本) P29–32

② 翁文灏：《火山岩》(《北京西山地质志》第二章 实业总署 1930 年重印本) P33

"（甲），斋堂盆地之斑岩

为便于记载计，可分三种而言之，所有成因不必尽同。

（一）盆地之北，安山岩状之岩石成一薄层，介于奥陶纪石灰岩与侏罗纪煤系之间。西部甚薄。东至灵水厚达 1500 米突。该岩似成长带形西自爨子东达桑峪长约 15000 米突。据双石头所采得之标本研究之，知其为一种斑状岩石斑晶属斜长石其成分大致在灰曹长石与中性长石之间常呈带状组织。……更有一标本采自双石头之北者，……此似为火山岩穿透石灰岩之结果。……

（二）在上述〔西自爨子，东达桑峪〕安山岩体之南，〔斋堂〕煤田之内，尚有安山岩体三块，即独山、白虎头、佛佛岭是也。较诸倾斜平缓之煤系，该岩已成峻壁之状态。独山之南有桃儿山，亦为此岩所成。其生存状态颇似火山岩流覆于曾经削平之煤系岩层之上者。朱君庭祜曾随同安特生顾问作详细之观察，所得结果正与此意相背。据调查小窑所知，沿火成岩体之周围皆有煤，独其底下无煤。故该火成岩为 Laccolite〔岩盖，岩盘〕一类，而侵入于煤系中者。该问题之解决，于煤田之价值殊有关系。

（三）斋堂之西南，更有大块安山岩体，自清水北岸之九龙沟父字山起，向西南延长，以至测量区之外，而成莲花庵西南百花山之高峰也。……凡此种岩石所成之山，均峻峭壁立于清水河两侧，与易于风化之煤系判然有别。安山岩独与侏罗纪煤系相触。北部之接触，自爨子以迄王陵西（黄岭西）。西部之接触，自马兰沟以迄莲花庵。接触线方向大致与地层层向平行，而岩层皆向火成岩体倾斜。"[1]

---

① 翁文灏：《火山岩》（《北京西山地质志》第二章 实业总署 1930 年重印本）P36-37

"（乙），清水尖妙峰山一带之斑岩

妙峰山岩石色淡绿，斑晶甚稀，岩基坚实。……

清水尖之岩石以安山岩一类为多。其与斋堂安山岩不同之点，即斑晶较少，而有辉石类之矿物，为斑晶与岩基之元素。其组织状态亦足以断其为火山喷出岩。"[1]

"（丙），零星小块之火成岩

……

正长石斑岩：下马岭、青白口之间，浑河北岸时见正长石斑岩，侵入于矽质灰岩与下马岭层之内。……

云母岩：斋堂清水村之北五里，有一侵入岩，在震旦系下部红色页岩与鲕状灰岩之间。……

闪绿岩：清水附近尚有一侵入体在震旦纪灰岩之内。……

斑糊岩：牛占之西北灰岩附近有斑糊岩之侵入体。其内有极细之铜矿脉。

辉绿岩：祁〔齐〕家庄附近之灰岩中有辉绿岩。……岳王庙附近亦有相类之岩石，侵入于笋石灰岩之内。爨底下附近之震旦纪红色页岩内，亦有辉绿岩之侵入体。"[2]

"（三）侵入于煤系之内者

闪绿岩：青龙涧侏罗纪煤系中有闪绿岩之小侵入体。……

云母岩：双林寺西王城峪北有云母岩。其性质与清水所见者相似。……

① 翁文灏：《火山岩》（《北京西山地质志》第二章 实业总署 1930 年重印本）P38–39

② 翁文灏：《火山岩》（《北京西山地质志》第二章 实业总署 1930 年重印本）P39–40

辉绿岩：其他各地尚有辉绿岩之小侵入体甚多。"[1]

永定河出山口：因断裂形成，两侧山体向南北错开约一千米，称永定河断裂。地层侏罗系，距今约 1.6 亿年。

◎ 陈树屏

陈树屏（1886.7.25—? ），字翼宗。清光绪十二年出生于直隶（今河北）成安。1913 年考入农商部地质研究所。1916 年毕业后入地质调查所工作。在所时间很短。1962 年任合肥工业大学地质系煤田地质教授。时年 76 岁。

据章鸿钊编《农商部地质研究所一览》（京华印书局，1916 年版）

---

① 翁文灏：《火山岩》（《北京西山地质志》第二章 实业总署 1930 年重印本）P40

所载，他在 1914 年至 1916 年在地质研究所学习期间，曾到京西门头沟、三家店一带参加野外实习。1916 年夏，他与叶良辅、赵汝钧、马秉铎等 13 人受地质调查所所长丁文江委派，分组勘测西山一带地形地质，完成五万分之一的西山地质图。据叶良辅《北京西山地质志·引言》所记，陈树屏与刘季辰负责琉璃渠、门头沟、大灰厂等处测量。[①]

岩浆侵入岩剖面：位于沿河城向阳口村西，沿河城断裂北翼。原地层中晚元古代，侵入岩体侏罗系。（原北京民间文艺家协会主席赵书称此岩体为天然八十一神仙卷）

---

① 据潘江《农商部地质研究所师生传略》（《中国科技史料》第 20 卷第 2 期，P130-144，1999 年）、张九辰《地质学与民国社会：1916—1950》（山东教育出版社，2005 年）等编写。

◎ 卢祖荫

卢祖荫（1889—1976），字心培。清光绪十七年出生于江苏常州。1912 年为上海南洋中学学生，受教于丁文江。1913 年考入农商部地质研究所。1916 年毕业后入地质调查所工作。他与其他 17 位进入农商部地质调查所的同学被合称为中国地质史上大名鼎鼎的"十八罗汉"。1922 年成为中国地质学会 26 位创始会员之一。同年任地质调查所图书馆馆长。1927 年离所，回家乡创办中学。1943 年在矿产测勘处任职。1950 年任矿产测勘处陈列室主任。1952 年后任职于中国地质工作计划委员会地质陈列馆。1965 年退休。

据章鸿钊编《农商部地质研究所一览》（京华印书局，1916 年版）所载，他在 1914 年至 1916 年在地质研究所学习期间，曾到京西门头沟、三家店、杨家屯一带参加野外实习。实习报告有《碧云寺、潭柘寺地质》等。[①]

1916 年，卢祖荫与叶良辅等 13 人受地质调查所所长丁文江委派，分组勘测西山一带地形地质，完成五万分之一的西山地质图。据叶良辅《北京西山地质志·引言》所记，卢祖荫与李捷负责清水尖、髫髻山、王平村等处测量。

"于田家庄之鲕状灰岩中曾得三叶虫之残片，上震旦层中产笋石（即角石）。刘君季辰见之于十字道之西南，谢家荣君与卢祖荫君见诸庄户南之南港沟，谭君锡畴则见诸铁石坨。"[②]

[①] 据潘江《农商部地质研究所师生传略》（《中国科技史料》第 20 卷第 2 期，P130-144，1999 年），张九辰《地质学与民国社会：1916—1950》（山东教育出版社，2005 年）等编写。

[②] 叶良辅：《北京西山地质志》（地质专报甲种第一号，1930 年实业总署重印本）P11

"民国五年八月二十八号，〔谢〕家荣、〔卢〕祖荫、马秉铎由北京搭京门支路至门头沟。自此西北，行至王平村。二十九号，由王平村西奔千军台。三十号至九月一号，测量附近地质。二号，由千军台西奔煤窝。七号，由煤窝至金鸡台。八号，由金鸡台至刘家台。十二号，调查局派〔马〕秉铎来与〔卢〕祖荫易地调查，〔卢〕祖荫遂回王平村。"[1]

飞来峰：斋堂煤窝梨树台孤峰耸立，喜马拉雅运动，西山抬升，疑孤峰从大寒岭方向滑落而来。地层侏罗系，距今约 1.6 亿年。

---

① 谢家荣、卢祖荫、马秉铎合著《京西千军台、煤窝、百花山等处地质报告书》（1916 年未刊手稿。《谢家荣文集》第 1 卷·地质学 I，P18-23，2007 年 1 月，地质出版社，北京）

◎ 王竹泉

王竹泉（1891.4.9—1975.7.24），字云卿。清光绪十七年出生于直隶交河县（今河北省泊头市）陈屯村。1897—1913年先后在家乡入私塾、县小学、河间城中学、南京铁路专门学校、天津高等工业专门学校。1913年7月考入北京农商部地质研究所。1916年7月毕业，成为中国自己培养出的最早的地质科学家之一。其实习报告有《北京西山地质报告》等。1916年8月至1921年在农商部地质调查所任调查员，与其他17位进入农商部地质调查所的同学被称为中国地质史上"十八罗汉"。1922年成为中国地质学会26位创始会员之一。1922至1929年3月任调查所技师。1929年4月至1930年7月在美国威斯康星大学地质系当研究生，获硕士学位。1930年8月至1931年4月在美国麻省理工学院当研究生。后回国，任调查所技正至1946年1月。其间先后兼任北平研究院研究员，北平师范大学、北京大学、东北大学讲师。1946年2月至1950年2月任北京大学教授。后任中央燃料工业部、煤炭工业部顾问、工程师，司、局、办地质总工程师，煤炭科学研究院地质研究所所长等职。1957年6月被选为中国科学院地学部学部委员（院士）。1975年7月24日病逝于北京，享年84岁。

王竹泉在区域地质学、矿床学、地层学、构造地质学诸多领域建树颇丰，尤其在煤田地质学方面造诣深厚，贡献突出。在他一生发表的

122篇（种）著述中，直接涉及煤的有54篇（种）。①

王竹泉一生堪称与京西结下不解之缘。据史料记载，在1914—1953年近40年间，他多次跋涉门头沟区的山山水水，兢兢业业从事野外考察。例如：

《农商部地质研究所一览》（京华印书局，1916年版）记载，1915年10月1—3日，在老师丁文江带领下，王竹泉与同学刘季辰、徐渊摩、唐在勤、张彗、谢家荣、卢祖荫、仝步瀛赴杨家屯进行地质实习。同月8—10日，王竹泉与同学周赞衡、刘季辰、徐韦曼、仝步瀛、唐在勤在三家店进行测量实习。

从1932年起，王竹泉与翁文灏、谢家荣、王恒升诸教授率领北京大学地质系师生二十余人，在四个夏天中，对西山地区进行一比五万地质填图，取得一系列新成果。

《王竹泉选集》（煤炭工业出版社，1991年出版）附录三《王竹泉论著目录》记载，历年关于京西门头沟区的中文著述至少有《北京西山地质报告》（1915年）、《北京西山之地层》（1915年）、《斋堂附近地质矿务报告》（1916年）、《京西门头沟煤田地质》（1933年）、《华北地文沿革之重检讨》（1937年）、《北京西山杨家屯煤田地质》（1938年）、《焦作、峰峰、井陉、门头沟、新泰各煤田地质调查工作之成果》（1951年）等7篇（种）。这些文章，可以说，绝大多数都是他通过一步一步地艰难行走而写成的。

王竹泉在京西门头沟区的行迹，还散见于多处文献。今摘数则。

"一九一六年夏，〔叶良〕辅等任事于地质调查所，所长丁文江首令

① 据潘云唐《王竹泉》（《中国现代科学家传记》第六辑 P296–304，科学出版社，1994年出版），《王竹泉选集》（煤炭工业出版社，1991年出版）等综合编写。

完成五万之一西山地质图，即今日缩成十万分之一者是也。是年八月，乃用平板测量法，分队测量。一月图成。惟其中一二区域，至一九一八年春季始行补就。调查者十三人。……王君竹泉、朱君庭祜测斋堂、清水河沿岸一带。"①

"（门头沟煤系之前之不整合）斋堂区域内不见红庙岭砂岩层与石炭纪煤系。若无斑岩夹于其间，则门头沟煤系与上震旦层将紧密接触。如此，则两者之间形虽整合，实乃大不整合。……王君竹泉以此现象为侏罗纪之前有不整合之证，盖非由断层而然也。"②

"在直隶邻省中，可与西山侏罗纪煤系比较之煤田，莫如大同。昔李希霍芬氏调查时，只知有下侏罗纪之煤。一九一八年，经王竹泉、李捷二君详细测量后，尚知有石炭之煤系。两系之间夹有浅红色砂页岩层。"③

"王竹泉、计荣森民国二十二年（1933）在门头沟进行煤田地质调查时，将叶良辅等划分的侏罗纪门头沟系分为下窑坡系、上窑坡系及龙门系。"④

"龙门组，王竹泉、计荣森民国二十二年（1933）在《北平西部门头沟之煤田》一文中创名。命名地点在门头沟区的龙门村北坡。正层型剖面位于门头沟区岳家坡村北（民国二十二年，即1933）。主要由深灰、

---

① 叶良辅：《北京西山地质志》（地质专报甲种第一号，1930年实业总署重印本）《引言》P3-4

② 叶良辅：《北京西山地质志》（地质专报甲种第一号，1930年实业总署重印本）《引言》P20

③ 叶良辅：《北京西山地质志》（地质专报甲种第一号，1930年实业总署重印本）《引言》P22

④ 王学德主编《北京志·地质矿产志》（北京出版社，2001年出版）P41

灰黑色砾岩、砂岩、砂质页岩组成，厚度159米。"①

"1953年，京西城子煤矿向深部掘进。因原地质图上有个断层，而不敢贸然向前掘进。煤矿负责人请王老前去观察。王老要我陪他前往。我们到了城子煤矿，他听了煤矿情况汇报后，他不顾年高体弱，亲自赴现场勘察。为了更好地了解地质情况，有时要翻山越岭。一路上，他提出许多地质问题。一路上，又一个一个地加以解决。最后证实，原地质图上的断层，实际并不存在。并亲自向煤矿领导阐明了自己的看法，认为可以继续掘进，从而解决了城子煤矿深部掘进的地质问题。"②

大独山：又称莲花山，海拔960米，位于斋堂镇灵水村西。大独山是侏罗系岩浆侵入岩，形成时，上覆数百米盖层。新生代，西山抬升，盖层被风化剥蚀，侵入岩体孤峰傲立，成为斋堂地区重要地质景观。

① 王学德主编《北京志·地质矿产志》（北京出版社，2001年出版）P41

② 杨同淦：《忆王老》（《王竹泉诞辰一百周年纪念文集》P29，煤炭工业出版社，1991年出版）

◎ 赵志新

赵志新（1891—1973），字风岭。清光绪十七年出生于江苏常州。1913 年考入农商部地质研究所。1916 年毕业后入地质调查所工作。他与其他 17 位进入农商部地质调查所的同学被合称为中国地质史上的"十八罗汉"。曾任地质调查所图书馆主任。1920 年 2 月 18 日，赵志新因病呈请辞职离所被批准。1942—1950 年曾在矿产测勘处任职。1954 年调北京全国地质图书馆。

据章鸿钊编《农商部地质研究所一览》（京华印书局，1916 年版）所载，他在 1914 年至 1916 年在地质研究所学习期间曾到京西门头沟一带参加野外实习。[①]

◎ 李学清

李学清（1892.12.20—1977.5.1），字宇洁。清光绪十八年出生于江苏吴江县震泽。1912 年为上海南洋中学学生，受教于丁文江。1913 年考入农商部地质研究所。1916 年毕业，成为中国自己培养出的最早的地质科学家之一。后入地质调查所工作。于 1918 年 9 月 15 日"销去学习字样，改为调查员"。他与其他 17 位进入农商部地质调查所的同学被合称为中国地质史上的"十八罗汉"。1922 年 1 月 27 日，中国地质学会成立，李学清成为最早的 26 名创始会员之一。此后，曾长期担任学会的会计及监事等职。1920 年，李学清赴美国密西根大学深造，专攻岩石学与矿物学，1923 年获得硕士学位，次年冬季返回中国。回中国后，李

---

① 据潘江《农商部地质研究所师生传略》（《中国科技史料》第 20 卷第 2 期，P130–144，1999 年），张九辰《地质学与民国社会：1916—1950》（山东教育出版社，2005）等编写。

学清与朱庭祜等曾同在两广地质调查所任技正兼中山大学地质系教授。李学清在北京大学地质系兼过课，著名地质学家黄汲清、李春昱、朱森、杨曾威等曾是他的学生。1929 年离开地质调查所。先后任教于中央大学地质系、中山大学地质系，并曾在两广地质调查所兼职。

据章鸿钊编《农商部地质研究所一览》（京华印书局，1916 年版）所载，他于 1914 年至 1916 年在地质研究所学习期间曾到京西门头沟、三家店一带参加野外实习。[①]

1916年地质研究所全体学生野外实习合影（网络）

◎ 谭锡畴

谭锡畴（1892.12.28—1952.6.4），字寿田。清光绪十八年出生于河北省吴桥县梁集村。1913 年毕业于保定中学，同年考入农商部地质研究所。于 1916 年夏毕业，成为中国自己培养出的最早的地质科学家之一。他与

---

① 据潘江《农商部地质研究所师生传略》（《中国科技史料》第 20 卷第 2 期，P130–144，1999 年）、张九辰《地质学与民国社会：1916—1950》（山东教育出版社，2005）等编写。

其他 17 位进入农商部地质调查所的同学被称为中国地质史上"十八罗汉"。他和同班同学叶良辅、谢家荣、李学清、朱庭祜、李捷、王竹泉、刘季辰等进入地质调查所时，根据学习成绩的差异，有的任调查员，有的任实习员，谭锡畴在校时就常得到老师的赞赏，在地质调查所任调查员，开始了独立工作。1922 年，中国地质学会成立，为 26 位创立委员之一。1924 年在美国威斯康星大学理学院

地质系学习。1926 年获该校硕士学位。1927 年转入美国约翰·霍普金斯大学，获得该校地质学硕士学位。获得学位后返国，任北京地质调查所技正、主任。1931—1936 年兼任北平研究院地质研究所研究员。1933—1937 年，先后在北京师范大学、天津北洋大学、北京大学等校任教授。1937 年赴湖南资兴煤矿工作，一度担任矿长。1938 年在昆明任西南联合大学教授。1939—1940 年兼任云南易门铁矿局局长。又任梁江冶公司总经理，宣明煤矿公司总经理。1945 年任昆明师范学院博物系主任，并兼任云南大学矿冶系教授。1950 年任西南地质调查所第二地质调查队队长，负责云南地区地质矿产勘测工作。1950 年 11 月任中国地质工作计划指导委员会委员和矿产地质勘探局局长。1952 年 6 月 4 日，因患肾癌病逝于北京。谭锡畴在我国许多省区从事过最早的区域地质矿产调查，尤其是山东白垩纪地层古生物调查（最早发现我国的恐龙化石）、四川西康地质矿产调查具有开创性意义。主编我国最早的 3 幅 1：100 万地质图中的北京—济南幅、南京—开封幅。对资兴煤矿、易门铁矿等的开发经营有重大贡献。他在北京大学、北洋大学、西南联合大学、云南大学等校任教，培养

了大批人才。"严师出高徒"，经他培养的学生，如卢衍豪、叶连俊、郭文魁、穆恩之、郝诒纯、马杏垣、顾知微等，以后都成为我国地质界的骨干，现均为中国科学院地学学部委员（院士）。

地质调查所是1913年成立的。根据分工，地质调查所的任务是进行野外实地调查。目的是为将来开展地质调查培养力量。谭锡畴等地质研究所毕业生进入地质调查所以后，在所长丁文江及地质股长章鸿钊、矿产股长翁文灏的领导下，调查工作逐步开展。他参与进行的第一件工作，是对北京西山进行全面的地形地质测量。经过1年，野外工作基本完成；接着又用了将近1年时间在室内整理资料和绘制图件，最后由叶良辅执笔写出报告。这就是1920年由地质调查所作为《地质专报》甲种第1号出版的《北京西山地质志》。这部专著的最重要部分是1:10万北京西山地质图，这是中国人自己测制的第一幅详细地质图件。报告分为地层系统、火成岩、构造地质、地文和经济地质5章，资料丰富，记载翔实，论述透彻，它纠正了某些外国学者对西山地质的许多错误论断，为西山地区资源开发和地质研究奠定了基础。就当时的国际水平来说，堪称佳作。它出版后引起广泛的影响，北京大学地质系和较晚建立的清华大学地学系的学生们进行野外实习时，几乎把这本书作为最重要的参考书，甚至可以说是他们的教科书。地质调查所组织的这次调查，对初参加工作的谭锡畴等人来说，是一次很好的练兵活动，同时也充分显示了这一批中国地质工作者的卓越才干。[1]

---

[1]　据《谭锡畴》、《中国大百科全书·地质学》（中国大百科全书出版社，1993年出版，P522）及《中国科学技术专家传略》、王仰之《地质史上的闪光足迹——我国第一批地质学家之一谭锡畴》等综合编写。

谭锡畴在京西门头沟区的行迹，所见记载十分零星。仅知他在农商部地质研究所三年学习的野外实习中，多次到门头沟从事地质实习和测量实习。在农商部地质调查所时，也参加了西山地质图的测量。在北京大学任教时，也曾带领学生来过西山。现摘选几则。

"一九一六年夏，〔叶良〕辅等任事于地质调查所，所长丁文江首令完成五万之一西山地质图，即今日缩成十万分之一者是也。是年八月，乃用平板测量法，分队测量。一月图成。惟其中一二区域，至一九一八年春季始行补就。调查者十三人。……谭君锡畴测周口店、长沟峪、红煤厂、柳林水等处，又〔今门头沟区之〕妙峰山涧沟一带。……

〔编撰《北京西山地质志》〕谭君锡畴亦尝助予研究妙峰山之砾岩层。"①

"于田家庄之鲕状灰岩中曾得三叶虫之残片，上震旦层中产笋石（即角石）。刘君季辰见之于十字道之西南，谢家荣君与卢祖荫君见诸庄户南之南港沟，谭君锡畴则见诸铁石坨（即花木岭之东北端）。"②

"谭君锡畴曾于妙高峰砾岩层中搜得花岗岩之砾石若干，其性质与羊房花岗岩颇相类。其来源当不至远在南口以外。"③

"一年级学生廿七人，由教授谭寿田〔易按，即谭锡畴〕及助教王嘉荫两先生领导，前往西山作地质初步实习。由周口店、驼里、大灰

----

① 叶良辅：《北京西山地质志》（地质专报甲种第一号，1930 年实业总署重印本）《引言》P3-5

② 叶良辅：《北京西山地质志》（地质专报甲种第一号，1930 年实业总署重印本）《引言》P11

③ 叶良辅：《北京西山地质志》（地质专报甲种第一号，1930 年实业总署重印本）《引言》P32-33

厂、三家店而归北平，行程一周。"①

　　石港口敌台：位于斋堂镇沿河口村石羊沟沟口，石港口是内长城上的重要关口，有敌台三座，镇守石羊沟古道，古道通往河北怀来和涿鹿。地层蓟县系，距今16亿—14亿年。白羊石虎一带有侏罗系花岗岩侵入岩体。

◎ 周赞衡

　　周赞衡（1893.1.14—1967.1.2），字柱臣。清光绪十九年出生于江苏省奉贤县。1912年为上海南洋中学学生，受教于丁文江。1913年考入

　　① 《国立北京大学地质学系近讯》（《地质论评》1937年第二卷第三期 P308）

农商部地质研究所。1916 年毕业，是我国自己培养的第一批地质工作者之一。同年入地质调查所，并长期在所工作。他与其他 17 位进入农商部地质调查所的同学被合称为中国地质史上"十八罗汉"。1922 年成为中国地质学会 26 位创始会员之一。因"外语水平出众，勤奋好学"，被丁文江选中为来华工作的瑞典著名古植物学家赫勒（T. G. Halle）的学生和助手。赫勒回国后，又派往瑞典留学，仍师从赫勒专攻中生代植物化石。1922 年归国，成为中国最早研究古植物学的学者。他在地质调查所长期任技正兼事务主任，抗战胜利后任副所长。1949 年后曾任科学院上海办事处主任。据章鸿钊编《农商部地质研究所一览》（京华印书局，1916 年版）所载，他于 1914 年至 1916 年在地质研究所学习期间曾到京西门头沟、三家店一带参加野外实习。他的实习报告有《京兆宛平县潭柘寺附近地质》等。[1]

◎ 杨培纶

杨培纶（1893—? ），字仲廉。清光绪十九年出生于江苏吴兴。1913 年考入农商部地质研究所。

据章鸿钊编《农商部地质研究所一览》（京华印书局，1916 年版）所载，他于 1914 年至 1916 年在地质研究所学习期间曾到京西门头沟、王平村一带参加野外实习。他的卒业报告是《京兆宛平县王平口地质》。[2]

---

[1] 据潘江《中国最早研究古植物学的学者——周赞衡》《中国科技史料》，1995，16（2）；张九辰《地质学与民国社会：1916—1950》（山东教育出版社，2005）等编写。

[2] 据潘江《农商部地质研究所师生传略》（《中国科技史料》第 20 卷第 2 期，P130—144，1999 年），张九辰《地质学与民国社会：1916—1950》（山东教育出版社，2005）等编写。

折皱：位于妙峰山镇野溪永定河右岸，是北京地区折皱最佳观赏点之一。岩层，奥陶系马家沟组，距今约 4 亿年。

◎ 叶良辅

叶良辅（1894.8.1—1949.9.14），字佐之。中国地质学家、岩石学家、地貌学家、地学教育家。原籍浙江余杭县，清光绪二十年出生于浙江杭州佑圣观巷。童年时期，父母双亡，全靠祖母教养。他自幼生活简朴，学习勤奋，在上海南洋中学读书时，就深受老师丁文江的器重。1913 年考入北洋政府农商部地质研究所，师从于丁文江、章鸿钊、翁文灏及顾问安特生等名师。该班同学是我国自己培养的第一届地质人才。毕业时他的成绩居全班之冠。他的卒业报告是《京兆宛平门头沟附近地质报告》（附图二）和《门头沟附近岩石》（英文）。随即在农商部地质调查所任调查员，成为中国自己培养出的最早的地质科学家之一。他与其他 17 位进入农商部地质调查所的同学被称为中国地质史上的"十八罗汉"。他的成名作即 1920 年出版的《北京西山地质志》。1922 年成为中国地质学会 26 位创始会员之一。1920 年 1 月被派往美国哥伦比亚大学地质系进修，1922 年 6 月获理科地质学硕士学位。他在美国学习期间，还攻读地貌学，为他后来研究地貌学打下了坚实的基础。自 1916 年

起，叶良辅先后在地质调查所工作 9 年，在中央研究院地质研究所工作 10 年。历任地质调查所技师、中山大学教授、地质学系主任，中央研究院地质研究所研究员，浙江大学教授、地理学系主任，中国地质学会理事长等。在这期间发表论著 21 篇，均为地质调查和研究开创性成果。他也因此成为中国地貌研究的奠基人之一。1936 年他因积劳成疾，染患了肺病。1949 年逝世于杭州。作为杰出的地学教育家，他在地学方面的知识是很渊博的，培养了很多地质、地貌和地理方面的人才。新中国的地貌学发展成很多的分支学科，而他的学生们为此作出了许多贡献。

　　1916 年，叶良辅、赵汝钧、刘季辰、陈树屏、王竹泉、朱庭祜、谭锡畴、谢家荣、马秉铎、卢祖荫、李捷、徐渊摩、仝步瀛等 13 人受地质调查所所长丁文江委派，分组勘测西山一带地形地质，完成五万分之一的西山地质图。本区地质测量由分组负责，最后由叶良辅综合成图，并由他主编《北京西山地质志》。该书成稿于 1919 年，出版于 1920 年。文字方面除火成岩一章系翁文灏供稿外，其余均为叶良辅所撰写。内容分地层系统、火成岩、构造地质、地文以及经济地质等五章，是我国最

早的也是当时最完善的一份区域地质调查报告；所附地质图由 1:5 万实测，缩小为 1:10 万，也是当时水平最高的图件。该书作为中国学者撰写的第一部区域地质志，堪称"开山之作"。

这份资料长期为后人所参考，可谓文图俱优，誉满中外。中国科学院院士、地理学家黄秉维说："叶先生的《北京西山地质志》是我最早而又读得最多的一种资料，印象较深。""我背着叶先生的地质志和地质图，跋涉于门头沟、斋堂之间时，叶良辅三字常常浮现于脑海之中……"可见《北京西山地质志》所起的作用。他对庞培里、李希霍芬的地层分类，以及梭尔格的地质构造的错误处，均曾一一予以纠正。《北京西山地质志》问世后，叶良辅就自然被公认为同辈中的佼佼者了。①

叶良辅编撰的《北京西山地质志》，在出版 90 年后的今天，仍然是以门头沟区为主体的北京西山最系统的一部区域地质志。叶良辅在《北京西山地质志》中，创立了若干地质术语。尤其是一些地层名词，以门头沟区的地名来命名，如下马岭层、杨家屯煤系、红庙岭砂岩层、门头沟煤系、九龙山系、髫髻山层等。它们之中有的沿用至今，有的则几经调整（如下马岭层、九龙山系、髫髻山层等，今分别改为下马岭组、九龙山组、髫髻山组等），一些已经成为中国地质学上的著名术语。

叶良辅在京西门头沟区的行迹，李学通《中国地质事业初期若干史实考》引《农商部地质研究所一览》（京华印书局，1916 年版）中，对 1915 年 9—11 月期间地质研究所学员的野外实习有所记载。如记 9 月 23—26 日，叶良辅、祁锡祉、杨培纶、李捷、陈树屏随指导教师丁文江到门头沟进行地质实习等。

---

① 据李治孝《叶良辅：我国地貌学开创者》（《中国科学技术专家传略》）、《叶良辅》、《中国大百科全书·地质学》（中国大百科全书出版社，1993 年出版，P600）综合编写。

《北京西山地质志》中，他对 1916—1918 年期间，自己在西山的地质调查情况，主要是通过描述岩层走向及分布，作了一些反映。这些测量结果，非亲临跋涉是不可得的。现择选几则。

"〔一九一六年〕八月，乃用平板测量法分队测量。一月图成。惟其中一二区域，至一九一八年春季始行补就。调查者十三人。……赵君汝钧与〔我叶良〕辅测温泉寺、羊房、杨家屯、三家店及青白口、田家庄、高崖口等处。"[①]

"〔新元古界矽质灰岩产地〕北自高崖口、方梁、大村起，西南至青白口，更西北至向阳口，矽质灰岩呈露颇广，成半圆锥体。倾向由东南渐转西南，倾角自十度至六十度不等。自高崖口复东北绵延以达南口，由青白口向西扩张以至柏峪。……"[②]

"（新元古界下马岭层产地）自大村以至青白口，矽质灰岩之上无处无之。大村以北，一断层间之，故本层遂不见。由青白口向西北，或与李希霍芬所见柏峪之黑色页岩相连续。

自田家庄至下马岭有狭长之沟，将及芹峪口。本层露出于沟右，其上部砂岩层直立如壁。复有侧冲断层与之接触。芹峪口东北，浑河北岸，下马岭层于红色页岩之下，下马岭层与之整合。红色页岩即寒武纪层之最下部也。在太子墓之北，本层与矽质石灰岩接触最显。其最下层之页岩，似稍含褐铁矿。又，清水河沿岸、青白口附近，页岩与板岩似含炭质特多，且褶皱较甚。再如，青白口东南有刘公沟，沟之东北本层

---

① 叶良辅：《北京西山地质志》（地质专报甲种第一号，1930 年实业总署重印本）《引言》P19

② 叶良辅：《北京西山地质志》（地质专报甲种第一号，1930 年实业总署重印本）《引言》P7

极明显。……全层厚度随地而异。以下马岭一带为尤厚，约七百公尺。傅家台、青白口附近厚约四百五十公尺。乡人视为煤系，曾设井试探，终未见煤。"[1]

硅质条带白云岩地层剖面：位于永定河官厅山峡幽州火车站附近。地层中元古代蓟县系，距今约 16 亿—15 亿年。

◎ 李 捷

李捷（1894.4.29—1977.1.30），字月三。区域地质学家、矿产地质及工程地质学家。清光绪二十年出生于河北成安西野庄。1913 年考入农

---

① 叶良辅：《北京西山地质志》（地质专报甲种第一号，1930 年实业总署重印本）《引言》P7-8

商部地质研究所。1916 年毕业后入地质调查所工作，于 1918 年 9 月 15 日"销去学习字样，改为调查员"。他与其他 17 位进入农商部地质调查所的同学被合称为中国地质史上大名鼎鼎的"十八罗汉"。1922年成为中国地质学会 26 位创始会员之一。1927 年参加周口店大规模的发掘工作。1928 年任中央研究院地质研究所研究员。曾任河北省建设厅厅长。1949 年后，曾担

任水利部勘探设计总局地质总工程师，水电部水电总局副总工程师。李捷是中国最早参与第四纪冰川研究的少数地质学家之一，对冰川研究造诣深厚。1977 年病逝于宁夏银川市。

据章鸿钊编《农商部地质研究所一览》（京华印书局，1916 年版）所载，他于 1914 年至 1916 年在地质研究所学习期间，曾到京西门头沟、潭柘寺、王平村一带参加野外实习。卒业报告为《宛平县王平口地质》。

1916 年，他与叶良辅等 13 人受地质调查所所长丁文江委派，分组勘测西山一带地形地质，完成五万分之一的西山地质图。据叶良辅《北京西山地质志·引言》所记，李捷与卢祖荫负责清水尖、髻髻山、王平村等处测量。①

"一九一八年春，安特生氏与朱君庭祜、李君捷为斋堂煤矿公司详测地质，将来或尚有详细报告出版。据安特生等之简略报告，该煤田虽

---

① 据潘江《农商部地质研究所师生传略》（《中国科技史料》第 20 卷第 2 期，P130–144，1999 年），张九辰《地质学与民国社会：1916—1950》（山东教育出版社，2005）等编写。

广，质亦不劣，惜地位不良，交通不便，而真正可采之区域较小，故未必有大规模开采之价值也。"[1]

"嗣于民国六年，安特生君复携朱君庭祜、李君捷赴斋堂详细调查。其第一次简略之报告。大致可摘译如后。自经第二次调查并详测煤田之一部分以后，……因知煤田之广，尚有为前次所未尽者。因构造之纷乱，并有火成岩之穿割，开采不易。约言之，惟全量百分之九尚足开采而已。

安特生君因便于记述起见，分全部为三区。

其在南区之内，惟达摩、马兰以达霍村一带尚可开采。虽马兰与霍村之间地层倾斜甚峻，尚较整齐。假设地层直立，可采煤层之平均厚度为五公尺，已经采去之煤至沟底而止。将来采煤深至三百公尺，则霍村与达摩之间长 3500 公尺，可得煤七兆吨；达摩与马兰之间长三千公尺，可得煤约六兆吨。

在北区之内，青龙涧、双石头、北山蔡家岭一带为佳。地层倾斜较南区稍平缓，惟多火成岩之侵入体，采矿时不无妨碍耳。……是区可产煤约十四兆吨。

中区之内，岩层倾斜较前两区大为平缓。霍村沟口紫绿色页岩之覆于含煤系者，大致成水平状。清水河之北直对霍村沟口，复东延至东胡林，岩层倾斜仍甚平缓。诸处之紫绿色地层说在河床之下，或皆连续。故是区可设想以三点作界，即霍村沟口、灵水村及东胡林是也。如假定与事实相符，则斋堂中区实为开一新式矿井最相宜之地。仍以二平方千米为其面积，煤厚五公尺，则可得煤约十四兆吨。

---

① 叶良辅：《北京西山地质志》（地质专报甲种第一号，1930 年实业总署重印本）P20

就此三区总计，斋堂可采之煤，实不过四十一兆吨。"[1]

"在直隶邻省中，可与西山侏罗纪煤系比较之煤田，莫如大同。昔李希霍芬氏调查时，只知有下侏罗纪之煤。一九一八年，经王竹泉、李捷二君详细测量后，尚知有石炭之煤系。两系之间夹有浅红色砂页岩层。"[2]

◎ 徐渊摩

徐渊摩（1894.6.29—1968），字厚甫（一作厚孚）。为同窗徐韦曼之胞兄、卢祖荫之表弟。清光绪二十年出生于江苏武进。1912 年为上海南洋中学学生，受教于丁文江。1913 年考入农商部地质研究所。1916 年毕业于北京农商部地质研究所，成为中国自己培养出的最早的地质科学家之一。他与其他 17 位进入农商部地质调查所的同学被称为中国地质史上大名鼎鼎的"十八罗汉"。于 1918 年 9 月 15 日"销去学习字样，改为调查员"。1918 年 12 月 9 日，他呈请辞职被批准。1924 年，任东南大学地学系教授兼副系主任。1927 年，协助李四光筹建中央研究院地质研究所。1949 年以后，先任武汉地质学校教务长，后供职于长春地质学院。

据章鸿钊编《农商部地质研究所一览》（京华印书局，1916 年版）所载，他于 1914 年至 1916 年在地质研究所学习期间，曾到京西门头沟、三家店、杨家屯一带参加野外实习。他的实习报告有《北京西山地质》等。1916 年，他与叶良辅等 13 人受地质调查所所长丁文江委派，分组勘测西山一带地形地质，完成五万分之一的西山地质图。据叶良辅

---

[1]　叶良辅：《北京西山地质志》（地质专报甲种第一号，1930 年实业总署重印本）P77–78

[2]　叶良辅：《北京西山地质志》（地质专报甲种第一号，1930 年实业总署重印本）P22

《北京西山地质志·引言》所记，徐渊摩与仝步瀛负责西山的南山一带测量。[1]

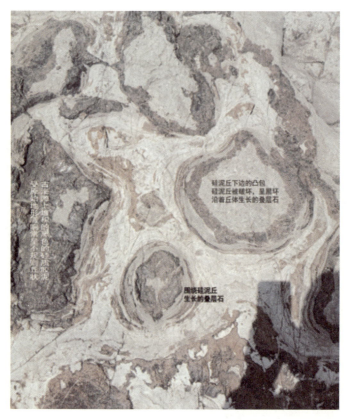

　　叠层石：位于永定河峡谷庄户洼，藻类化石。蓟县系雾迷山组，距今约 15 亿年。

---

　　① 据潘江《农商部地质研究所师生传略》（《中国科技史料》第 20 卷第 2 期，P130–144，1999 年），张九辰《地质学与民国社会：1916—1950》（山东教育出版社，2005）等编写。

◎ 朱庭祜

朱庭祜（1895.12.7—1984.5.4），字仲翔。清光绪二十一年出生于上海市川沙县龚路乡（今龚家路镇）。1913年夏，因读书所在上海制造局兵工学堂附中被炮火轰毁，遂与同班同学谢家荣、刘季辰、唐在勤报考北京农商部地质研究所。1916年毕业，成为中国自己培养出的最早的地质科学家之一。他与其他17位进入农商部地质调查所的同学被称为中国地质史上大名鼎鼎的"十八罗汉"。1922年成为中国地质学会26位创始会员之一。1916—1920年在农商部地质调查所工作。1920—1922年于美国威斯康星大学地质系毕业，获硕士学位。1922—1923年为美国明尼苏达大学地质系博士研究生。归国后任农商部地质调查所技师。1924年后先后在浙江、云南、两广地质调查所任技师、技正、所长兼中山大学地质系教授。1931—1932年任安徽省政府委员兼安徽省教育厅厅长。1932—1935年任中央大学地质系教授兼行政院农村复兴委员会地下水研究组主任。1935—1936年任贵州省政府委员兼贵州省地质调查所所长。1936—1938年任浙江大学地质系教授。1939—1945年任重庆盐务总局盐业研究所研究员、技术处处长兼重庆中央大学地质系教授。1946年任台湾省盐务管理局局长。1946—1948年任南京中央大学地质系教授。1948—1952年任浙江大学地理系教授，兼总务长和浙江省地质调查所所长。1952—1953年任上海华东军政委员会工业部地质处工程师。1953—1955年任地质部水文地质工程地质局总工程师。1957—1979年任浙江省地质局总工程师。1981—1984年任浙江省科学技术协会顾问。1984年5月4日在杭州病逝，享年89岁。

他是中国地质学会的创始人之一，中国地质学会名誉理事、浙江地质学会名誉理事长。他参加过新安江水电站的坝址工程地质调查和安徽省治淮工程，还发现了河北省井陉铁矿、云南昆明磷矿、浙江遂昌金矿。他是我国第一个带领地质工作者到西沙群岛进行地质调查的地质学家，填补了我国在这一地区地质工作的空白。所编《西沙群岛鸟类》，提出开发鸟类的建议。[①]

朱庭祜在农商部地质研究所学习期间，曾多次到京西进行野外实习。例如，据《农商部地质研究所一览》所载，1915年9月23日至26日，朱庭祜与同学卢祖荫、徐渊摩在三家店进行测量实习；当年10月14日至17日，在丁文江带领下，朱庭祜与同学赵汝钧、徐韦曼、仝步瀛、张彗、李捷在潭柘寺进行地质实习。其实习报告有《北京西山地质报告》、与刘季辰等人合作的《京兆宛平、怀来县间地质报告》等。1916年，朱庭祜参与填制的《北京西山地质图》及所作文字报告，是中国最早的正规地质图和报告。现摘几则。

"一九一六年夏，〔叶良〕辅等任事于地质调查所，所长丁文江首令完成五万之一西山地质图，即今日缩成十万分之一者是也。是年八月，乃用平板测量法，分队测量。一月图成。惟其中一二区域，至一九一八年春季始行补就。调查者十三人。……王君竹泉、朱君庭祜测斋堂、清

---

① 据朱庭祜《我所知道的丁文江》、《记中国地质调查工作创始时期》（《文史资料选辑》第八十辑 P17–24、25–28，文史资料出版社，1982年出版），江龙文《朱庭祜》（《中国大百科全书·地质学》P672，中国大百科全书出版社，1993年出版）等编写。

水河沿岸一带。"①

"（斋堂煤田）其地有侵入岩与喷出岩，及断层颇多，地质构造因之愈复杂。岩石性质与上举〔九龙山内斜层、北岭内斜层、庙安岭内斜层〕各地大同小异。煤层层数与厚度，据朱君庭祜调查所及，记之如左。

（一）王城峪沟西北有煤四层。一厚十呎，一厚八呎，一厚四呎，一厚五呎。

（二）王城峪沟之东北有煤六层，厚自二三呎至十呎。

（三）青龙涧为斋堂区域中产煤最旺之地，有煤七层，厚自四呎至十呎。该处岩石与煤均曾经压迫，益以斑岩之侵入，致煤层被挤紧接。乡人往往视为一层，据云厚达五十或六十呎。

（四）双石头产煤七层，厚自二呎至十呎不等。"

"崩派来氏曾记（斋堂盆地）及云，煤系底部之砾岩含斑岩之卵石。则是斑岩之先成于砾岩矣。朱君庭祜测量该区域时，似亦有相类之观念。"②

"……在上述〔西自爨子，东达桑峪〕安山岩体之南，〔斋堂〕煤田之内，尚有安山岩体三块，即独山、白虎头、佛佛岭是也。较诸倾斜平缓之煤系，该岩已成峻壁之状态。独山之南有桃儿山，亦为此岩所成。其生存状态颇似火山岩流覆于曾经削平之煤系岩层之上者。朱君庭祜曾随同安特生顾问作详细之观察，所得结果正与此意相背。据调查小窑所知，沿火成岩体之周围皆有煤，独其底下无煤。故该火成岩为 Laccolite

---

① 叶良辅：《北京西山地质志》（地质专报甲种第一号，1930 年实业总署重印本）《引言》P3-4

② 叶良辅：《北京西山地质志》（地质专报甲种第一号，1930 年实业总署重印本）《引言》P36

〔岩盖，岩盘〕一类，而侵入于煤系中者。该问题之解决，于煤田之价值殊有关系。"[1]

"清水涧、板桥等处煤田，皆当清水尖及庙安岭内斜层之南翼，介于紫绿岩层与辉绿岩之间。走向大致为东北与西南。倾向西北，斜角在三十度与七十度之间。据朱庭祜君调查所得，清水涧、大台间之煤层层次，自上而下如下表。〔略〕

煤层近于直立，故上表次序乃自北而南。

朱君所采矿样，分析之结果如下。〔略〕"[2]

"（本部矿务顾问安特生曾于民国三年在斋堂作一约略之调查。其结论云，煤田面积约有三十三平方千米，煤层平均总厚约十公尺。按此计算，总矿量约四百五十二兆吨）嗣于民国六年，安特生君复携朱君庭祜、李君捷赴斋堂详细调查。其第一次简略之报告。大致可摘译如后。

自经第二次调查并详测煤田之一部分以后，……因知煤田之广，尚有为前次所未尽者。因构造之纷乱，并有火成岩之穿割，开采不易。约言之，惟全量百分之九尚足开采而已。"[3]

"到一九一五年春季，〔地质研究所〕师生分队去北京西山一带作地质旅行，我和同学七人跟他〔丁文江〕到斋堂附近。山高路险，同学们初次锻炼，多叫起苦来。丁用种种方法鼓励大家，每天必要达到目的地为止。如将到目的地，而时间尚早，则多绕一点山路，多看一点地质，

---

① 叶良辅：《北京西山地质志》（地质专报甲种第一号，1930 年实业总署重印本）《引言》P37

② 叶良辅：《北京西山地质志》（地质专报甲种第一号，1930 年实业总署重印本）《引言》P75-76

③ 叶良辅：《北京西山地质志》（地质专报甲种第一号，1930 年实业总署重印本）《引言》P77

沿途还要考问。"①

"秋季开学后，更加强野外实习。……乃挑选少数同学，练习地形测量。有一次，我被派到京西三家店北面测地形。出发后第三日，丁〔文江老师〕和其他同学来校核，即用来填制地质图。我因初次做野外测量，虽出发前丁曾指导过用平板仪测地形的方法，但到了山区，茫无头绪。急忙中，把一片山头河谷描了一张地形图，冀可以免于斥责。不料，丁看到后，拿此图对照地形，认为图上表示得不准确，面色不愉。说：'你在学校里已经学了一年测量，出发时又经过一番指导，为何测出这样不准确的图来？你将来想凭这样不成熟的本领出去骗人吃饭吗？'我当时满脸通红，对他说：'这是我生平第一次做野外测量。一到广大的自然界中，不能把室内所学的结合起来，造成了鲁莽草率的毛病。以后当再努力练习，以求成功。'这样，才避免了再责。"②

"一九一七年春季，斋堂煤矿由北京政府筹备开采。农商部请瑞典人安特生担任顾问，负责调查设计。安特生认为，我和王竹泉上年所测的图幅不够详细，要求再测一万分之一比例尺的地形地质图。丁乃派我和李捷前往。安特生领导我们实地工作一星期后，完全让我们去做。经过三个月时间，才告完成。回京后，我整理好平面图和剖面图，安特生十分满意。他向丁介绍后，丁不待安特生词毕，就嘱人邀我去问话。一见面，就说：'安顾问说你这次测的图，好得了不得。你快取来给我看。'我立刻把图送去。他和安特生讨论良久。把地形地质图和剖面图

①　朱庭祐：《我所知道的丁文江·三　注重实地考察》（《文史资料选辑》第八十辑 P20，文史资料出版社，1982 年出版）

②　朱庭祐：《我所知道的丁文江·三　注重实地考察》（《文史资料选辑》第八十辑 P21，文史资料出版社，1982 年出版）

对照，没有什么错误，表示喜欢。安特生对他说：'朱庭祜现已成为很好的地质人员了。我们国内年青地质人员的工作，也不会超过他的。'这是安特生带点客气口吻的话。当时他们二人很高兴。"[1]

沉积旋回：永定河峡谷中的白云岩与石灰岩周期性交替沉积。地层中元古代蓟县系，距今约 16 亿—15 亿年。

◎ 刘季辰

刘季辰（1895—? ），号寄人。清光绪二十一年出生于安徽淮北（一作江苏）。1913 年夏，因读书所在上海制造局兵工学堂附中被炮火轰毁，遂与同班同学谢家荣、朱庭祜、唐在勤考入北京农商部地质研究所。

---

[1]　朱庭祜：《我所知道的丁文江·三　注重实地考察》（《文史资料选辑》第八十辑 P21-P22，文史资料出版社，1982 年出版）

1916 年毕业后入农商部地质调查所任调查员，成为中国自己培养出的最早的地质科学家之一。他与其他 17 位进入农商部地质调查所的同学被称为中国地质史上大名鼎鼎的"十八罗汉"。曾在北京大学地质系兼职任教。1935 年离开地质调查所，从事工商业。1954—1962 年在安徽省冶金厅任职。

据章鸿钊编《农商部地质研究所一览》（京华印书局，1916 年版）所载，他于 1914 年至 1916 年在地质研究所学习期间曾到京西门头沟、杨家屯、三家店一带参加野外实习。其实习报告有与朱庭祜等人合作的《京兆宛平、怀来县间地质报告》等。1916 年，他与叶良辅等 13 人受地质调查所所长丁文江委派，分组勘测西山一带地形地质，完成五万分之

鞑子寨：位于斋堂东胡林村南，金元时期古山寨，建筑在唐县夷平面上。地层，侏罗系砾岩距今约 1.6 亿年。唐县夷平面形成距今约 300 万年。

一的西山地质图。据叶良辅《北京西山地质志·引言》所记，陈树屏与刘季辰负责琉璃渠、门头沟、大灰厂等处测量。《北京西山地质志》并记其在十字道发现古笋石化石。[1]

"于田家庄之鲕状灰岩中曾得三叶虫之残片，上震旦层中产笋石（即角石）。刘君季辰见之于十字道之西南，谢家荣君与卢祖荫君见诸庄户南之南港沟，谭君锡畴则见诸铁石坨（即花木岭之东北端）。"[2]

◎ 徐韦曼

徐韦曼（1895.11.5—1974），字宽甫。为同窗徐渊摩之胞弟、卢祖荫之表弟。清光绪二十一年出生于江苏武进。1912年为上海南洋中学学生，受教于丁文江。1913年考入农商部地质研究所。1916年毕业后入农商部地质调查所任调查员，成为中国自己培养出的最早的地质科学家之一。他与其他17位进入农商部地质调查所的同学被称为中国地质史上大名鼎鼎的"十八罗汉"。1920年4月18日，徐韦曼因病呈请辞职被批准。后留学美国芝加哥大学，1922年毕业于美国依立诺大学。曾任东南大学、北京女子大学、中央大学教授，上海县知事，国立中央研究院研究员，资源委员会专门委员等职。曾翻译莱伊尔名著《地质学原理》。

据章鸿钊编《农商部地质研究所一览》（京华印书局，1916年版）所载，他于1914年至1916年在地质研究所学习期间，曾到京西门头沟、三家店、潭柘寺一带参加野外实习。其实习报告有《北京西山地质及直

---

① 据潘江《农商部地质研究所师生传略》（《中国科技史料》第20卷第2期，P130–144，1999年），张九辰《地质学与民国社会：1916—1950》（山东教育出版社，2005）等编写。

② 叶良辅：《北京西山地质志》（地质专报甲种第一号，1930年实业总署重印本）P11

隶滦县唐山启新洋灰公司》（英文）等。[1]

◎ 仝步瀛

仝步瀛，生卒年不详。字海波，河北永年人。1913年考入农商部地质研究所。1916年毕业后入农商部地质调查所，成为中国自己培养出的最早的地质科学家之一。他与其他17位进入农商部地质调查所的同学

灵山：主峰海拔2303米，北京最高峰。海拔1800—2000米，是森林和草甸，前山岩层蓟县系雾迷山组，距今约15亿年。主峰出露玢岩，浅层侏罗系岩浆侵入岩。

---

① 据潘江《农商部地质研究所师生传略》（《中国科技史料》第20卷第2期，P130–144，1999年），张九辰《地质学与民国社会：1916—1950》（山东教育出版社，2005）等编写。

被称为中国地质史上大名鼎鼎的"十八罗汉"。1919 年 12 月 31 日"销去学习字样，改为调查员"。在所时间很短。全氏为中国地质学会创始会员之一。

据章鸿钊编《农商部地质研究所一览》（京华印书局，1916 年版）所载，他于 1914 年至 1916 年在地质研究所学习期间，曾到京西门头沟、斋堂、杨家屯、三家店、潭柘寺一带参加野外实习。1916 年，他与叶良辅等 13 人受地质调查所所长丁文江委派，分组勘测西山一带地形地质，完成五万分之一的西山地质图。

据叶良辅《北京西山地质志·引言》所记，全步瀛与徐渊摩负责西山的南山一带测量。[1]

◎ 张　慧

张慧，生卒年、籍贯不详。1913 年考入农商部地质研究所。1916 年毕业后入农商部地质调查所，成为中国自己培养出的最早的地质科学家之一。他与其他 17 位进入农商部地质调查所的同学被称为中国地质史上大名鼎鼎的"十八罗汉"。

据章鸿钊编《农商部地质研究所一览》（京华印书局，1916 年版）所载，他于 1914 年至 1916 年在地质研究所学习期间曾到京西门头沟、杨家屯、潭柘寺一带参加野外实习。[2]

---

[1]　据潘江《农商部地质研究所师生传略》（《中国科技史料》第 20 卷第 2 期，P130–144，1999 年），张九辰《地质学与民国社会：1916—1950》（山东教育出版社，2005）等编写。

[2]　据潘江《农商部地质研究所师生传略》（《中国科技史料》第 20 卷第 2 期，P130–144，1999 年）张九辰《地质学与民国社会：1916—1950》（山东教育出版社，2005）等编写。

◎ 祁锡祉

祁锡祉，生卒年不详。号松坪，河北永年人。1913 年考入农商部地质研究所。

据章鸿钊编《农商部地质研究所一览》（京华印书局，1916 年版）所载，他于 1914 年至 1916 年在地质研究所学习期间曾到京西门头沟、斋堂一带参加野外实习。[1]

直立地层：位于斋堂塔岭沟，受青白口穹窿的影响，石灰岩水平地层变成垂直地层。岩层古生代奥陶系，距今约 4 亿年。

---

[1] 据潘江《农商部地质研究所师生传略》（《中国科技史料》第 20 卷第 2 期，P130–144，1999 年），张九辰《地质学与民国社会：1916—1950》（山东教育出版社，2005）等编写。

◎ 刘世才

刘世才，生卒年不详。字翔凡，直隶（河北）成安人。1913年考入农商部地质研究所。1916年毕业后入农商部地质调查所。因"怠于服务，临考又复藉词规避，实属不成事体"，而于1916年12月8日被开除。

据章鸿钊编《农商部地质研究所一览》（京华印书局，1916年版）所载，他于1914年至1916年在地质研究所学习期间，曾到京西门头沟、斋堂、三家店一带参加野外实习。[①]

◎ 马秉铎

马秉铎，生卒年不详。字振铎，河南光山县人。1913年考入农商部地质研究所。1916年毕业后入农商部地质调查所。在所时间很短。据章鸿钊编《农商部地质研究所一览》（京华印书局，1916年版）所载，他于1914年至1916年在地质研究所学习期间，曾到京西门头沟、三家店一带参加野外实习。[②]

1916年，他与叶良辅等13人受地质调查所所长丁文江委派，分组勘测西山一带地形地质，完成五万分之一的西山地质图。据叶良辅《北京西山地质志·引言》所记，马秉铎与谢家荣负责煤窝、大鞍山等处测量。据谢家荣、卢祖荫、马秉铎合著《京西千军台、煤窝、百花山等处地质报告书》一文记载：

---

① 据潘江《农商部地质研究所师生传略》（《中国科技史料》第20卷第2期，P130-144，1999年）、张九辰《地质学与民国社会：1916—1950》（山东教育出版社，2005）等编写。

② 据潘江《农商部地质研究所师生传略》（《中国科技史料》第20卷第2期，P130-144，1999年）、张九辰《地质学与民国社会：1916—1950》（山东教育出版社，2005）等编写。

"民国五年八月二十八号，〔谢〕家荣、〔卢〕祖荫、马秉铎由北京搭京门支路至门头沟。自此西北，行至王平村。二十九号，由王平村西奔千军台。三十号至九月一号，测量附近地质。二号，由千军台西奔煤窝。七号，由煤窝至金鸡台。八号，由金鸡台至刘家台。十二号，调查局派〔马〕秉铎来与〔卢〕祖荫易地调查，〔卢〕祖荫遂回王平村。十三号，〔谢〕家荣与〔马〕秉铎乃由金鸡台至百花山。"[1]

　　百花山夷平面：位于百花山主峰西侧，海拔约 1700 米，喜马拉雅运动早期形成。岩层，侏罗系火山岩髫髻山组，距今约 1.6 亿年。

---

　　[1]　谢家荣、卢祖荫、马秉铎合著《京西千军台、煤窝、百花山等处地质报告书》（1916 年未刊手稿。《谢家荣文集》第 1 卷·地质学 I，P18-23 收录，2007 年 1 月，地质出版社，北京）

◎ 赵汝钧

赵汝钧，生卒年不详。号鉴衡，河北吴桥县人。1913 年考入农商部地质研究所。1916 年毕业后入农商部地质调查所，成为中国自己培养出的最早的地质科学家之一。他与其他 17 位进入农商部地质调查所的同学被称为中国地质史上大名鼎鼎的"十八罗汉"。于 1918 年 9 月 15 日"销去学习字样，改为调查员"。1922 年成为中国地质学会 26 位创始会员之一。从 1919—1927 年，长期与刘季辰合作出版地质专报及论文。此后离开地质调查所。曾著有《江苏地质志》（1924）、《钻探术》（1930年代）。

据章鸿钊编《农商部地质研究所一览》（京华印书局，1916 年版）所载，他于 1914 年至 1916 年在地质研究所学习期间，曾到京西门头沟、潭柘寺一带参加野外实习。他的实习报告有与人合著的《京兆宛平、怀来县间地质报告》等。1916 年，他与叶良辅等 13 人受地质调查所所长丁文江委派，分组勘测西山一带地形地质，完成五万分之一的西山地质图。据叶良辅《北京西山地质志·引言》所记，赵汝钧与叶良辅负责温泉寺、羊房、杨家屯、三家店、磨石口及青白口、田家庄、高崖口等今门头沟区、石景山区、海淀区、昌平区的山地地区测量。[①]

◎ 唐在勤

唐在勤，生卒年不详。字迪民，上海人。1913 年夏，因读书所在上

---

① 据潘江《农商部地质研究所师生传略》（《中国科技史料》第 20 卷第 2 期，P130–144，1999 年），张九辰《地质学与民国社会：1916—1950》（山东教育出版社，2005）等编写。

海制造局兵工学堂附中被炮火轰毁，遂与同班同学谢家荣、朱庭祜、刘季辰考入北京农商部地质研究所，1913年考入农商部地质研究所。因他没有按规定提交实习及毕业报告，学业结束后无果而离所，仅留下一个通信地址——"上海龙华制造局"。

据章鸿钊编《农商部地质研究所一览》（京华印书局，1916年版）所载，他于1914年至1916年在地质研究所学习期间，曾到京西门头沟、潭柘寺、杨家屯、三家店一带参加野外实习。[①]

侵入岩山谷：位于妙峰山镇炭厂村神泉峡景区，地层侏罗系土城组，距今约1.4亿年。

---

① 据章鸿钊编《农商部地质研究所一览》（京华印书局，1916年版），潘江《农商部地质研究所师生传略》（《中国科技史料》第20卷第2期，P130–144，1999年）编写。

◎ 谢家荣

谢家荣（1897.8.19—1966.8.14），字季华、季骅。杰出的全方位型地质学家。清光绪二十四年出生于上海市一个清寒的职员家庭。1913 年夏，因"二次革命"战事，炮火炸毁读书所在的上海制造局兵工学堂附中，遂与同班同学朱庭祜、刘季辰、唐在勤考入北京农商部地质研究所，师从章鸿钊、丁文江、翁文灏等中国地质大师暨中国地质事业奠基人。谢家荣是 30 位学生中年岁最小的。因勤奋刻苦，1916 年以优异成绩毕业，成为中国自己培养出的最早的地质科学家之一。他与其他 17 位进入农商部地质调查所的同学合称为中国地质史上大名鼎鼎的"十八罗汉"。1922 年成为中国地质学会 26 位创始会员之一。他任调查员，因工作突出，仅一年多，便于 1917 年第一个被选派留学，到美国斯坦福大学地质系攻读。1919 年转入威斯康星大学地质系读研究生。1920 年毕业，获理学硕士学位。归国后仍在地质调查所任职。1928 年赴德国、法国从事煤岩矿产学研究。回国后任实业部地质调查所技正兼沁园燃料研究室主任。1935 年起任地质调查所北平分所所长。抗战军兴，他化装潜行，离开北平南下。先后任江华矿务局总经理、经济部资源委员会专门委员。1940 年起，先后任叙昆铁路沿线探矿工程处总工程师、经济部资源委员会西南矿产测勘处处长、经济部资源委员会矿产测勘处处长。1948 年当选为中央研究院首届院士。1949 年南京解放前夕，他领导矿产测勘处坚守岗位，使之完整回到人民手中。新中国成立后历任中国地质工作指导委员会副主任、地质部地矿司总工程师、地质部总工等职。1955 年当选为中国科学院首批院士。1957年被错划为"右派"。1966年"文化大革命"初期，遭受冲击，夫妻双双饮恨逝世。一代巨星就此陨落。

谢家荣是当代中国屈指可数的最伟大的几位地质学大师和地质学启蒙者之一，是百年中国第一号矿床学巨匠，是发现矿床最多的全方位地质学家。他用毕生旺盛的精力，怀着报效祖国的无比热忱，以极其浓厚的兴趣，在整整五十年的科学生涯中，锲而不舍地涉猎于地质科学的广泛领域，如普通地质学、区域地质学、地层学、构造地质学、矿物学、矿床学、岩石学、煤岩学、古生物学、陨石学、水文地质学、地震地质学、岩相古地理学、土壤学、煤田地质学、石油地质学、地文学和地貌学、矿相学、经济地质学、地质钻探工程和地球物理勘察等，并且在许多方面，都居于第一和开创者的地位。他所取得的众多成就，大多令人瞩目。例如，他是注意到在东北找石油的最早的地质学家之一。他和黄汲清共同规划对松辽平原的普查，从而揭开了发现举世闻名的大庆油田的序幕。他一生所发现的大矿数量及矿种之多，所具有的经济价值之巨大，至今独一无二，堪称传奇。

谢家荣是杰出的中国地质教育大师。他在1924—1937年期间，先后任教于东南大学（后更名中央大学、南京大学）、中山大学、北京大学、北京师范大学和清华大学地学系、地理系或地质系，桃李满天下。其中，1932—1936年间，谢家荣曾率领北京大学等校师生，多次深入西山地区，进行地质填图等一系列科学考察活动。

谢家荣非常热心各种学术活动。自1921年起，他倡议并积极参加创建了中国地质学会，先后担任过书记（秘书长）、编辑、评议员、多届理事、理事长（会长）之职。1934年，他与丁文江、翁文灏、竺可桢、李四光、叶良辅等九人共同发起成立中国地理学会。1936年，经他建议创办了《地质论评》，他多年担任编辑部主任，同时还兼任《中国地质学会志》编辑。[①]

　　谢家荣的科学功绩铭刻在祖国的山河大地。他辛劳一生的足迹遍及大江南北，也多次印满京西门头沟区的一条条古道山路上。

　　柏峪石人：位于斋堂镇柏峪村口西侧山腰处，石灰岩石柱，古生代寒武系，距今约 5 亿年。

　　《农商部地质研究所一览》（京华印书局，1916 年版）记载，在地质研究所学习期间，谢家荣多次与同学随指导老师到京西进行野外实习。

---

　　①　据《杰出的全方位地质学家》（《谢家荣文集》第一卷《代序》，地质出版社，2007 年出版），《谢家荣》（《九三学社院士风丰采》P89-94，学苑出版社，2002 年出版）等综合编写。

例如，1915年10月1—3日，在老师丁文江带领下，谢家荣与同学刘季辰、徐渊摩、唐在勤、张慧、王竹泉、卢祖荫、全步瀛赴杨家屯进行地质实习。这是谢家荣最早到西山的记载之一。此后，在地质调查所测绘西山五万分之一地形图，以及在北大、清华等校任教时每年带领学生地质实习，他一再深入西山。

谢家荣一生著作等身，有著述400余篇（种）。其中有多篇关于京西地质著述。仅以编者所见为例，如《京西千军台、煤窝、百花山等处地质报告书》（1916年）、《北平周围的自然奇迹》（1933年）、《西山地质的新研究》（1933年）、《中国地文期概说》（1933年）、《北平西山地质构造概说》（1936年）、1937年《北平西山的地层系统——北平西山地质志》（手抄稿）（1937年）。这些，可说是他当年在门头沟一次又一次跋山涉水之作。值得一提的是，谢家荣对永定河的形成史怀有浓厚兴趣，曾在不同的文章中论述永定河与黄河、怀来古湖与永定河大峡谷、永定河出山口与袭夺湾之间的渊源等。

作为一代科学大师，谢家荣还不忘进行地学普及宣传。例如，他所撰写的《北平周围的自然奇迹》（发表于1933年3月5日《自然》杂志第十四期）等科普妙文，便使用地质旅行游记的散文笔法，带领读者一路行进，指点沿途景观，娓娓道来，如数家珍。

另外，谢家荣跋涉门头沟的行迹，还反映在他和他人的其他许多记述当中。数不胜数。妙文可珍，今仅摘几例（标点符号略有变动，并适当分开段落）。

"一九一六年夏，〔叶良〕辅等任事于地质调查所，所长丁文江首令完成五万之一西山地质图，即今日缩成十万分之一者是也。是年八月，乃用平板测量法，分队测量。一月图成。惟其中一二区域，至一九一八年春季始行补就。调查者十三人。……谢君家荣、马君秉铎测煤窝、大

071

鞍山等处。"①

"〔奥陶纪〕（上震旦层）庄户之南有南港沟。沟之两旁，石炭系之下，为无层序之深灰色灰岩，次为灰质页岩与浅黄色之白云岩，复次为暗灰色之石灰岩。……于田家庄之鲕状灰岩中曾得三叶虫之残片，上震旦层中产笋石（即角石）。刘君季辰见之于十字道之西南，谢家荣君与卢祖荫君见诸庄户南之南港沟，谭君锡畴则见诸铁石坨（即花木岭之东北端）。"②

"第一章　行程记略

民国五年八月二十八号，〔谢〕家荣、〔卢〕祖荫、马秉铎由北京搭京门支路至门头沟。自此西北，行至王平村。

二十九号，由王平村西奔千军台。

三十号至九月一号，测量附近地质。

二号，由千军台西奔煤窝。

七号，由煤窝至金鸡台。

八号，由金鸡台至刘家台。

十二号，调查局派〔马〕秉铎来与〔卢〕祖荫易地调查，〔卢〕祖荫遂回王平村。

十三号，〔谢〕家荣与〔马〕秉铎乃由金鸡台至百花山。

十七号，至黄安。

廿二号，至斋堂。

---

①　叶良辅：《北京西山地质志》（地质专报甲种第一号，1930 年实业总署重印本）《引言》P3–4

②　叶良辅：《北京西山地质志》（地质专报甲种第一号，1930 年实业总署重印本）《引言》P10–11

廿三号，由斋堂至大鞍山。

廿六号，自大鞍山至黑龙关。

廿七日，由黑龙关至坨里，乃乘京汉车回京。"

潭柘寺二叠系砾岩：潭柘寺周边以二叠系（距今 2.5 亿—3 亿年）砂岩、砾岩为主。东山梁有二叠系、三叠系选层型剖面。

第二章　地层之分布及其性质〔摘〕

（一）千军台附近之所见

千军台在大麻沟之北。大麻沟者，乃自王平口经西之大道也。自千军台溯谷而止。此沟之西段曰望界沟。大麻沟之北有与之平行之沟，东曰马家洼，清水尖之麓也；西曰曹家坡，由此往西直达大寒岭。两沟之间又有南北相通之沟。在千军台附近者曰北江沟。大麻沟之南亦有与之平行之沟。东曰大东江沟，而有北向之沟则有南江沟、黑羊沟等。以上大沟水皆往东流，而西大岭实为之界。在千军台称西大岭，而在煤窝则称南岭。因煤窝在岭之北也。……

自南江沟南行。……再南则闻水声潺潺，而巨大之石壁峭立于两旁，是即辉绿岩。经水洗刷之处皆呈线状，颇为美观。……自此南行约七〇〇米，其西壁之山上有洞，曰忠君洞。……

自北江沟北行。……北行不数百步，即见紫绿色之岩层，两旁岩壁显露甚多，而沟中亦倏积多水，正与辉绿岩之沟中相似。其受水冲刷之部分，亦色鲜可观。……

黑羊沟之东西皆有峻峭之高山。西曰石神洼，东曰佛爷石，俱为辉绿岩所成。其上皆有瑰玮奇特之石，或峭立如人，或趺坐如佛。山之得名亦以此也。……

（二）煤窝附近之所见

自千军台沿北界沟西行，初则沟面甚阔，两旁山形亦甚圆浑；继则沟向西，南北穿凿于辉绿岩中，遂成壁立千仞之深渊。其中水流甚急，两旁岩壁经水冲刷之后颇为美观。乃折向西北行，而至大寒岭之上，有庙曰毗卢寺。……自岭上望西北，隐约见煤窝之四村。而其西巍然独秀之大岭，是即煤窝之西岭山。……远望北方，有无数培塿。其后则有高山，东曰华山，西曰黄家山。黄家山之南有山稍低，则曰杜山。其上有二大白线似石脉，然盖为瀑布冲刷而成。……

煤窝四村者，即吕家村、杨家村、张家村、杨家峪是也。其东西南三向皆界以高山，北则通以大沟。除杨家峪独居东向之岭上外，余皆在山洼中，故称曰窝。而以其产煤也，故曰煤窝。沿沟北行，屈北行山谷

074

中而至军下，遂入清水河。

　　自煤窝南行，登南岭。南岭者，即千军台之所谓西岭也。其上昔多煤窑。今以销路难筹，皆相率停止。……自岭上北望，则清水河如带，而军下、桑峪、东西有〔斋〕堂等村皆瞭为观奕。自此顺岭西南行，至一最高之峰，乡人名曰打磨厂。高距千军台之沟面约一〇二八米，亦为紫绿色岩，惟其斜向，则易为北西西。因山高多雾，故登临之观，反不若岭上为清切。雾起于午后，故欲极目天涯者，宜以晨往也。自煤窝村至打磨厂，有山路屈之而上，约有五里。岭上多黍麦、山药之类。乡人农作，皆由此道也。……

　　（三）金鸡台附近之所见〔略〕

　　（四）百花山附近之所见

　　百花山高出千军台沟面约 1400 米。登山四望，则西山之胜一览而尽。山巅有庙曰显光寺。其南有高峰名三金鸡台，则尤高约有 1500 米。东望吾人所旅行之地点，皆如披画图，历历在目。而山之形象，亦各因其岩石种类之不同，而分别至易。西望有高山曰大东山。山之东山形平坦，界为培嵝。然亦高达 600 米外，则皆斑岩之山也。……

　　（五）黄安附近之所见

　　自百花山西行约十五里，遂至黄安。其西有南北向之大沟。溯沟而上，至大山而止。顺沟下行，过塔河、清水，通斋堂之大道也。复有东西向之沟，穿凿于斑岩，皆成深谷。……

　　斑岩之山形皆浑圆，若培嵝。其上杂生野草，望之茸茸，然颇为显著。惟百花山及其西南诸山，独成高大雄伟之山。岂其岩石成分之不

同，有以使之然欤！"①〔以下略〕

"研究地质首重实地调查，故教授时尤当注意于野外旅行。……如在北京，则西山最为近便。凡岩石矿物之生成状态地层之次序构造皆可尽情领略也。"②

"作者是研究地质学的，并且在北平住了许多年，对于北平四周的山谷略为知道一些。所以，现在从地质学者的眼光，来谈谈北平四周的自然奇迹。……

〔平西线〕这是包括旅游北平西山各地的路线。因为交通方便，在此带旅行，都可一日往返。倘费二三日的光阴，则可远达平南的周口店，一探世界闻名的北京猿人出产地；或者能深入西山内部，登妙峰、清水之巅，览华北平原之观。……

西山地层出露得最清楚的剖面，要算是自三家店车站向北至军庄的一段了。这也是一日间所能往返的，所以北平各大学内修习地质学的学生们，几乎没有一个不曾经亲临实习过。

我们搭最早的（上午七时开）火车，从西直门出发，到三家店时，还不到八点钟。穿过三家店村子后，就沿从前龙烟铁矿公司所筑的轻便铁路北行。经过三四个山洞，看到九龙山系绿色砂岩和其中的辉绿岩岩脉。其北因为断层的关系，又有辉绿岩和九龙山系的底部砾岩出现。以上地层，俱倾斜向北。

自此北行，地层的显露更为完备了，有辉绿岩，有红庙岭砂岩，有

---

① 谢家荣、卢祖荫、马秉铎：《京西千军台、煤窝、百花山等处地质报告书》（1916年未刊手稿。《谢家荣文集》第1卷·地质学Ⅰ，P18–23收录，2007年1月，地质出版社，北京）

② 谢家荣：《地质学教学法》（原载《科学》第7卷第11期，1922年7月发表），转摘自《谢家荣文集》第1卷·地质学Ⅰ，P31–32，地质出版社，2007年1月出版

石炭纪煤系。最后到军庄附近烧石灰的山上，遂见到大片的石灰岩。此段地层，均倾斜向南。……在石灰坑里仔细观察，可看到不少的红土，是代表从前石灰坑里的洞穴沉积。要仔细搜寻，在红土内还可找到古代动物的破骨残肢。名震世界的中国猿人出产地——周口店堆积物——跟这儿完全是一样的。倘使我们异常侥幸，或者还可发见第二个猿人。但这种难得的机会，恐怕是不可能罢。

至于归途的路线，最好能穿过浑河，看看西面沿门斋铁路的一段剖面。这段的地层，与东面稍有出入，但大致还可比较。最值得注意的，是在琉璃局断层南面不远处，有一个绝壁，上面现出极清楚的水平擦痕。这足以证明，沿此方向，多少有些错动。本来，在这段自石景山至军庄间的一段浑河谷，从种种方面看起来，很有属于一种断层谷的可能。但擦痕是平的，而不是直的，所以与寻常所称为地堑者不同。

此外，关于浑河经流的方向，还有种种问题。自军庄以上，河流近于东西；军庄以下，则径取南北。而自大转弯的地方——军庄——向东北杨家屯的一段，却又是一个大河谷。自此向东北，还有一条直趋山北平地的支谷。所以有人设想，从前浑河是由大觉寺附近向北出口到平地的，其后因侵夺的关系才改流向南。上述的种种，不过一种可能的理想，还需要确切事实来证明它。

如果有人要饱览西山内部的胜境，那末最好的路线是取道门头沟、王平村，越大寒岭而抵斋堂。……这条路线的行程，是从西直门乘车到门头沟，易门斋铁路火车到王平村。从此有二条路：一条是换坐压车向西到板桥，一条是搭轻便铁轨（在夏季大水时铁轨拆卸，不能通车）手推车溯浑河而上，直达青白口。……走第一条路能一日往返于北平、板桥间，也算是一件痛快的事情。在火车上凭窗四瞩，浑河峡谷迂回曲折，远近高峰尖峭如笋，真是说不尽许多景致。当火车经过石壁较近的时候，石层性质、倾斜方向，具〔俱〕历历可辨。不须奔走之劳，而西山整个的情形，经此车窗中的观察，可以得一个大概。

在板桥附近，又可看到在华北地文上所称为'板桥期'切成的峡谷。

此外，门头沟南面的潭柘寺、戒台寺附近，不特风景秀丽，地质上颇饶兴味。"①

妙峰山金顶：岩浆溢流岩（有岩塞式火山口之说），岩侏罗系土城子组，距今约 1.4 亿年。

---

① 谢家荣：《北平周围的自然奇迹》（原载《自然》第一卷（上册）第十四期，1933 年 3 月 5 日），摘自《谢家荣文集》第 2 卷·地质学Ⅱ，P112-114，地质出版社，2007 年 1 月出版

◎ 李四光

李四光（1889.10.26—1971.4.29），原名李仲揆。原姓库氏，蒙古族。中国当代著名地质学家，地质力学创建人。清光绪十五年出生于湖北省黄冈县回龙山镇（现划归团风县）下张家湾一个私塾教师家庭。光绪二十八年（1902）考入省城武昌高等小学，改名李四光。1904年由湖北省官费派往日本留学。次年在东京加入同盟会，带领宣誓人是中国民主革命的伟大先行者孙中山。1907年自弘文学院毕业，考入大阪高等工业学校学习造船机械。1910年毕业，回国任教。宣统三年（1911）参加留学生廷试，成为"工科进士"。清政府在本年辛亥革命中被推翻。民国元年（1912）被湖北省选为实业司长。1913年赴英国，在伯明翰大学学习采矿，后改学地质。1917年通过学士考试。1918年获硕士学位。经丁文江勉励并推荐，1920年，李四光回国任北京大学地质系教授并任农商部科长，在地质调查所与所长丁文江、股长章鸿钊、翁文灏一起工作。1922年成为中国地质学会26位创始会员之一。此后担任北京大学地质系主任、中央研究院地质研究所所长。此期间被英国伯明翰大学授予自然科学博士学位。1948年被选为中央研究院院士。新中国成立后，在海外的李四光毅然回国，任中国科学院副院长、地质部部长，长期领导全国地质工作。

作为科学家，李四光在地质学上的贡献是多方面的，尤其在地质力

学、中国第四纪冰川地质学具有开创之功。他也是一位杰出的教育家。他长期在北京大学执教，培养了一大批著名的地质学家。[1]

李四光在地质调查所及任教中，多次带领学生深入北京西山，足迹遍及今门头沟区。对门头沟区地质也多有发现，著有《清水涧页岩之层位》（《地质论评》第二卷第四期，P317-320，1937年）等。现择几例〔酌改个别标点符号〕。

"（1921年）10月8日，带领地质系学生到北京西山杨家屯煤矿实习。"[2]

"（1921年）11月，他带领学生去京郊三家店等地实地教学。那时，北京大学没有汽车，实习都是步行。边走边看边讲，还不时提出问题，启发学生的观察兴趣。地层层序、走向倾角、断裂方位，都要求实测、记录；岩石、矿物、化石都要采集标本，注明地点。一直到万家灯火了，才赶回北京城。这次实习，他还写了一首新体诗，登在《北京大学日刊》上。……

有一次，带领学生去西山的杨家屯煤矿实习，晚上才回到驻地。看见学生杨钟健背了一块有植物化石的大石头回来，李四光看了很高兴，风趣地对杨说：你这是'载月荷石归'。"[3]

"回忆起我的老师李四光先生的崇高品德，使我终生难忘。……他带领学生到野外实习，都是步行的。总是走在前面，步子很大，许多学生都跟不上。他是边走边讲，认真仔细，一直到日落西山才赶回住地。

———————————

① 据曾问渠《李四光》（《中国现代科学家传记》第一辑 P299-314，科学出版社，1991年出版），马胜云、马兰《李四光年谱》（地质出版社，1999年出版）编写。

② 马胜云、马兰：《李四光年谱》（地质出版社，1999年出版）P48

③ 马胜云、马兰：《李四光年谱》（地质出版社，1999年出版）P50

在三家店实习那次，到北京城已经是万家灯火了。"①

"（葫芦形凹地）这一类型的地貌，在北京西山是经常可以遇见的。例如潭柘寺，就是位置在一个小型基岩凹地的中心，它直通另一个以鲁家滩为中心的巨型基岩凹地。这些凹地，都是囤积大量冰层和粒雪的场所。怀来盆地也是一个巨大的基岩凹地。官厅水库的坝址，就是它的一个溢口。这个溢口以下，就有一连串葫芦形基岩凹地。现今的永定河，通过这一系列的凹地达到三家店。……

　　一线天峡谷：位于霾底下村西。河道下切，与溶洞连为一体，形成深涧。后填平，修建了公路。岩层古生代寒武系，距今约5亿年。

---

①　俞建章：《自述》(《中国科学院院士自述》P649，上海教育出版社，1996年出版）

例如在北京西郊三家店附近，进行坝址工程地质勘察中，在永定河的漫滩上流水近旁打过许多探井。有的深达20多米，竟不见任何渗水的踪迹。当时，参加这项工程的人员大惑不解。简单的事实是，那些探井不是打在河床沉积中，而是打在比河床沉积更古老的泥砾层中。"[①]

　　"潭柘寺地区冰川地质的研究，是在李四光同志生前的亲自关怀下开展的。工作期间，他不顾年迈，不畏山高，多次亲临现场指导，并为阶段性报告的写作提示了许多高瞻远瞩的意见。"[②]

---

　　① 李四光：《华北平原西北边缘地区的冰碛和冰水沉积》（原载《中国地质》月刊，1963年第4期）。转引自李四光《中国第四纪冰川》（科学出版社，1975年出版）P151、154

　　② 水力：《北京西山潭柘寺地区第四纪冰期划分》（《中国第四纪冰川地质文集》P143，地质出版社，1977年出版）

二、北大清华地质系毕业生为主的
第二代地质学家

◎ 孙云铸

孙云铸（1895.10.1—1979.1.6），字铁仙。著名的古生物学家、地层学家、地质教育家，中国古生物学和地层学的奠基人之一。清光绪二十一年出生于江苏高邮。1914 年考入天津北洋大学堂，1918 年转入北京大学地质学系。1920 年毕业后留校任教，并于 1931—1934 年在清华大学兼课，同时兼职于农商部地质调查所。1922 年成为中国地质学会 26 位创始会员之一。1924

年发表《中国北部寒武纪动物化石》，是我国第一部古生物专著。1926年去德国留学，次年获哈勒大学理学博士学位。回国后，任北京大学古生物学教授，同时兼任地质调查所的古生物学工作。1936 年任广州中山大学客座教授。1937 年任西南联合大学地质地理气象系主任。1946 年北京大学迁回北平，任地质系主任。1950年任中国地质工作计划指导委员会委员。1952年任地质部教育司司长。1960年任中国地质科学院副院长。他是中国地质学会创始会员之一，多次担任书记、理事长。他是中国古生物学会（1929年成立）第一任会长、中国海洋湖泊学会（1952）第一任理事长。1955年起被选为中国科学院学部委员（院士）。1979年在北京病逝，终年83岁。

孙云铸认为，野外是最好的地质课堂，野外地质基本功的锻炼是学好地质的基础。从他1918年转入北京大学地质学系起，到1937年抗日战争爆发止，二十年间，他多次师从谢家荣等大家，以及任教后带领清华、北大学生到野外实习。1956年担任地质部地质矿产研究所副所长后，年逾花甲的孙云铸宝刀不老，身体力行，仍经常进行野外工作。京西门头沟区是他常去的野外实习地区，他在这里也多有发现。例如，谢家荣《北平西山的地层系统》中记，民国十三年（1924）孙云铸著《中国北部寒武纪动物化石》。并记，"在西山区域内，于三家店西北丁家村及军庄北桃园二地，由孙氏率领北大学生采集三叶虫化石甚多"。孙云铸经鉴定种属，认为均为上寒武纪凤山期动物化石。又如，1935年3月30日《国立北京大学研究报告》，报道了孙云铸近期的研究情况，其中有《西山寒武纪地层及化石》论文及附录图版。这是他在京西取得的进一步成果之一。[①]

① 据谢家荣《北平西山的地层系统·下苇店桃园附近》（《谢家荣文集》二，P274，地质出版社，2007年出版），王鸿祯《中国地层古生物学的先驱——孙云铸》（《中外地质科学交流史》P142–150，石油工业出版社，1992年），于洸《孙云铸教授在北京大学》（《中国地质学科发展的回顾——孙云铸教授百年诞辰纪念文集》P29，中国地质大学出版社，1995年出版）等编写。

蹄窝古道：九龙山峰口鞍，玉河古道上。岩层为侏罗系南大岭组岩浆变质岩（距今2亿—1.9亿年）。

◎ 杨钟健

杨钟健（1897.6.1—1979.1.15），字克强。地质学家、古生物学家，中国古脊椎动物学的开创人。清光绪
二十三年出生于陕西省华县龙潭堡一个教
育家庭。1916年毕业于陕西省立第二中学。
1917年考取北京大学预科。1919年进入北
京大学地质系。1923年毕业。1924年10
月留学德国，在慕尼黑大学学习古脊椎动
物学。1927年获哲学博士学位。1928年归
国后入实业部地质调查所，任技师。1929
年任中央地质调查所新生代研究室副主
任。1940年随所迁至重庆北碚，兼重庆大学地质系教授。1943年被聘
为资源委员会专门委员。1947年任北京大学地质系教授。1948年被选
为中央研究院院士。同年10月被任命为西北大学校长。新中国成立后，
1949年12月出任中国科学院编译局局长。1953年起任中国科学院古脊
椎动物研究室主任，后为古脊椎动物与古人类研究所所长、北京自然博
物馆馆长。1955年成为中国科学院学部委员（院士）。1979年因病在北
京辞世，享年82岁。

　　杨钟健一生从事古脊椎动物学和中、新生代地层研究，成就卓著。
他的许多项工作是国内首创性的，具有启蒙和奠基的意义。发表学术论
文和其他著作高达674篇（种），创作诗歌两千余首，堪称等身。他也
是杰出的教育家和科普作家，终生育才不倦。[①]

　　杨钟健一生足迹遍及南北。北京西山不仅是他学术生涯的启蒙地，

---

　　① 据贾兰坡《杨钟健同志生平简介》（《大丈夫只能向前——回忆古生物学家杨钟健》
P199-203，陕西人民出版社，1981年出版），《杨钟健》（《九三学社院士风采》P48-54，学苑出
版社，2002年出版）等编写。

也是他时常重归之处。在京西进行地质实习时，他还曾下到煤窑深处，亲眼看到了当时矿工的艰苦劳动。今摘几则，以见一斑。

"（1921年）11月，他带领学生去京郊三家店等地实地教学。那时，北京大学没有汽车，实习都是步行。边走边看边讲，还不时提出问题，启发学生的观察兴趣。地层层序、走向倾角、断裂方位，都要求实测、记录；岩石、矿物、化石都要采集标本，注明地点。一直到万家灯火了，才赶回北京城。这次实习，他还写了一首新体诗，登在《北京大学日刊》上。……

有一次，带领学生去西山的杨家屯煤矿实习，晚上才回到驻地。看见学生杨钟健背了一块有植物化石的大石头回来，李四光看了很高兴，风趣地对杨说：你这是'载月荷石归'。"①

"本世纪二十年代初期，他在北京大学地学系上学。这时，他的笔下就常常发出工农群众的痛苦的呻吟和强烈的呐喊。有一首《矿工》是这样在为社会的奴隶鸣不平：

'黑沉沉的许多地洞，

来来往往的几盏小灯。

可怜的许多同胞，

在内作一天十二小时的苦工。

他们一斧斧、一锤锤，

打下来漆黑的煤。

供给世人生活上的享用，

增加世人物质上的文明。

---

① 马胜云、马兰：《李四光年谱》（地质出版社，1999年出版）P50

但是他们苦极了，

　　得不到人的快乐，

　　枉尽了牛马的效用。'"①

　　"特别给我教育最深刻的，莫过于他对待中国东部第四纪冰川的问题。……他十分敬重他的老师李四光教授。可是，根据古动物化石群的干热或湿热的环境生活，不同意李老师的看法。看法不同，丝毫没有影响他们师生之间的情谊。二十多年过去，杨老不顾年老体弱多病，几次来到京郊区现场观察第四纪冰川的证据。经过对亲自观察得来的大量材料的分析和研究，他提出：'不注意冰川，必然要走歧路……'"②

　　"'文化大革命'期间，有几年我患病不能去远地出差，杨老便让我们陪同他到北京附近观察地质现象。我们去过西山和京西灰峪等处。"③

◎ 俞建章

　　俞建章（1898.1.12—1980.10.3），字端甫。地质学家、地层古生物学家、地质与古生物学教育家。清光绪二十四年出生于安徽和县历阳镇一个塾师兼中医家庭。1918 年考入天津北洋大学预科。1920 年转入北京大学地质系，师从李四光等名师。1924 年毕业。同年受聘河南开封中州大学任教。1928 年经李四光介绍入国立中央研究院地质研究所。1933

　　① 周文斌：《他在诗中——追念杨钟健教授生活中的一个侧面》（《大丈夫只能向前——回忆古生物学家杨钟健》P174，陕西人民出版社，1981 年出版）

　　② 徐煜坚：《怀念地质古生物学家杨钟健教授》（《大丈夫只能向前——回忆古生物学家杨钟健》P72–73，陕西人民出版社，1981 年出版）

　　③ 李有恒：《忆杨老对青年一代的关怀》（《大丈夫只能向前——回忆古生物学家杨钟健》P181，陕西人民出版社，1981 年出版）

年赴英国布里斯托尔大学留学，专攻珊瑚化石研究。1935年获博士学位。1936年回国后受聘于中央大学兼职教授。1939年任中央研究院地质研究所专职研究员、代所长。新中国成立后历任中国科学院南京地质古生物研究所所长、长春东北地质学院副院长、教授。1955年被选聘为中国科学院学部委员（院士）。1980年卒于吉林长春市，享年82岁。①

　　"回忆起我的老师李四光先生的崇高品德，使我终生难忘。……他带领学生到野外实习，都是步行的。总是走在前面，步子很大，许多学生都跟不上。他是边走边讲，认真仔细，一直到日落西山才赶回住地。在三家店实习那次，到北京城已经是万家灯火了。"②

　　牛角岭关城：位于妙峰山镇水峪嘴村，西山大道重要关口，地层中生代侏罗系，距今约1.6亿年。

---

　　① 《俞建章》（《中国现代科学家传记》第一集P315–321，科学出版社，1991年出版）摘录。

　　② 俞建章：《自述》（《中国科学院院士自述》P649，上海教育出版社，1996年出版）

◎ 王恒升

王恒升（1901.8.4—2003.9.21），字浩秋。地质学家。清光绪二十七年出生于河北定县大礼村一个贫寒农家。1919年考入北京大学理科预科。1925年毕业于北京大学地质系，入农商部地质调查所任调查员。曾担任过技士、矿物岩石研究室主任。1933年留学瑞士苏黎世高等工业学校研究生部。1936年在苏黎世高等工业学校获博士学位。1937年入瑞士巴塞尔大学进修。同年底回国任中央地质调查所技正兼桂林办事处主任，滇缅公路沿线地质调查队队长等职。当时抗日战争急需大量矿产，滇缅公路是联系中国战区与东南亚战区的咽喉要道，王恒升亲自率队调查地质矿产，测制路线地质图，日以继夜地工作，取得很大成绩。1939年任中央研究院地质研究所兼任研究员。1944年任新疆省地质调查所所长兼新疆省贵金属矿务局局长。1944年任新疆省地质调查所所长兼新疆省贵金属矿务局局长。1953年任西北地质局总工程师。1956年任地质部地质矿产研究所一级研究员、岩石矿物研究室主任。1964年任地质部铬矿指挥部总工程师。1980年当选为中国科学院地学部学部委员（院士）。同年任国际地科联火成岩委员会委员。晚年任中国地质科学院地质研究所研究员。2003年9月21日上午9时20分在北京安然辞世，享年102岁。

王恒升早年参加中国地质学会，曾当选为学会的第18—23届（1941—1947年）理事。1939年任《中国地质学会志》编辑，1943—

1945 年任《地质论评》编辑。1979 年，当选为学会第 32 届理事，又当选为新成立的中国矿物岩石地球化学学会理事。他一生命运坎坷，但最终获得国家许多重大奖励。

1919 年中学毕业后，他以优异成绩考入了"五四"运动策源地——北京大学的理科预科。1921 年升入本科时，这位膀大腰圆的农家子弟由于从小热爱劳动，在大自然风风雨雨中经受锻炼，又深明国家矿产资源开发的重要性，也就顺理成章地选择了地质系。

该系虽创办不久，但有系主任何杰及刚回国不久的李四光教授和应聘来华的美籍地质古生物学家葛利普教授等，师资阵容很强。王恒升在他们教导下，不但学业成绩优异，而且他在野外实习等活动中，表现也很突出。有一次，李四光带领着王恒升和很多同学一起到野外实习。临返校的前夜，在驻地，却发现一个很贵重的精密罗盘仪忘在山头上了，李四光因此寝不安枕。王恒升却不声不响，在第二天凌晨，独自踏着拂晓月色，跑了一二十里，爬上几百米山头，将此罗盘仪找到，兴冲冲跑回住地。李四光和同学们惊喜之余，对王恒升也更加刮目相看。①

1927 年，王恒升接受地质调查所所长翁文灏命令，来到北京西山，继庞培里、李希霍芬、叶良辅、谭锡畴等人之后，在妙峰山、髫髻山及周围地区重新开展调查。他深入荒山野岭，在极艰苦条件下进行工作。次年，他写成学术论文《北京西山妙峰山、髫髻山一带之火成岩》，作为此次调查的报告书。文中记述了这次调查的成果，也反映了他行迹所至，进行调查的范围和部分地点。现择选若干。

---

① 据潘云唐《王恒升》(《中国现代科学家传记》第六辑 P320–327)，百度百科等编写。

"妙峰山居北京之西北，距京约五十华里。平原矗起，峰峦巍峙。北仰居庸，南带桑干（浑河），西依游崖尖、髻髻诸山，东瞰幽燕华市。庙宇林立，苍林蔚然。每际暮春庙会之期，草长花开，曲谷喷泉，游人如鲫。……

去岁（一九二七），翁所长命重勘斯山。往返可周旬，纵横约四百方华里。不但于火山岩喷发之次第、分布之情形、彼此之关系得有所阐见，而羊房花刚岩侵入之时代，亦藉之以辨正焉。

地质概况

本区包妙峰山、游崖尖、髻髻诸山区，占北京西山火山岩之一小部分。东临北京平原，西接斋堂煤田，西南隅以浑河支流与花木岭分界，东南隅以浑河主干遥对九龙山，北望南口群山。全区最高峰高出海面约一千四百公尺，为西山之极峰。……

〔震旦纪南口系〕西迄淤泥坑，折向西北，……经寒武纪地层至太子墓、傅家台附近复露出于浑河之北岸。在妙峰山之北侧，受断层之影响，又突出于髻髻山系岩层之间。……

〔下马岭层〕整合于南口灰岩之上。在青白口、下马岭一带，露出于浑河两岸。……

〔寒武纪地层〕全纪地层分布于刘公沟、安庄谷以及青白口至河南台浑河之两岸。……

〔奥陶纪地层〕位于寒武纪地层之上，露出于自旦里至安庄一带。……

〔石炭纪地层〕伪整合于奥陶纪地层，露出于王平村迄禅房一带。……最发育于杨家屯一带，厚约四百公尺，故称之为杨家屯煤系。

〔二叠、三叠过渡层〕位于杨家屯煤系之上，露出于板桥之南山。……最发育于红庙岭一带，厚约二百五十公尺，故称之为红庙岭砂岩层。

〔侏罗纪地层三系〕下为门头沟煤系，位于红庙岭砂岩层之上，分布于板桥谷之南北两山。……在门头沟一带发育较佳，有煤十三层，厚可七百公尺，故称之为门头沟煤系。中为九龙山层，露出于髽髻山及清水尖之南侧。……厚约八百余公尺，组成九龙山，故称之为九龙山系。……上为髽髻山火山岩层，露出于妙峰山、游崖尖、清水尖、髽髻山诸山。……

〔喷出岩凡含三类〕安山岩流不甚发达，仅见于漆窑、淤泥坑及妙峰山之南巅。……分布于漆窑、菩萨落、淤泥坑一带。其他如髽髻山、游崖尖、妙峰山亦大部为其所组成。其块集岩中，子石与石基坚弱悬殊，侵蚀之后，或孤柱屹立，或峭壁耸峙，突兀嵯岈，风景绝佳。……

流纹凝灰岩及流纹岩在本区之火山岩中最不发育，断续分布如安家庄之北山山巅（位于安山岩层之上）、妙峰山之东北端（位于粗面角砾岩之上）、狼尔峪、赵家台之南端（位于一黑色凝灰岩之上）及清水涧诸处皆有之。……

〔侵入岩凡分三类〕上苇甸花刚岩与羊房花刚岩虽断而不连，其性质则大致相若。……

玢岩主要露头凡五处，属于侵入岩者三、岩盘者二。岩层皆重叠于火山岩层之中，露出于刘公沟、淤泥坑及安家庄之东南侧。岩盘一侵入于震旦灰岩中，露出于太子墓之西方；一侵入于下马岭层，露出于芹峪附近。其他成岩墙者尚伙，如岩池、炭厂及妙峰山诸处皆有之。……

辉绿岩凡分二种。其一分布于板桥谷之南岭，侵入于石炭煤系与下侏罗煤系之间。……

含正长云母岩岩墙，一侵入于青白口东侧之下马岭层内，一露出于金山附近。"[1]

安家庄村：处于永定河峡谷中，地层侏罗系髫髻山组火成岩（距今约 1.6 亿年）。西有清水尖海拔 1527 米，东有平安岭海拔 1000 余米。（网络）

◎ 丁道衡

丁道衡（1899—1955.2.21），字仲良。地质学家、古生物学家、教育家和社会活动家。是白云鄂博铁矿的发现者。清光绪二十五年出生于贵州省织金县一个书香门第。17 岁入贵州省立模范中学。1919 年考入

① 王恒升：《北平西山妙峰山髫髻山一带之火成岩》，《地质汇报》，1928 年 10 月（第 11 号）：P25-37，英文 P17-30

北京大学甲部预科，后升入正科。在北平求学六年，他半工半读，孜孜不倦，1926年毕业于北大地质系，留校任助教，专门研究地史和古生物学。

1927年5月至1930年8月，丁道衡参加了由北大教授徐炳昶、黄文弼、袁复礼等和瑞典科学家斯文赫定组织的西北科学考察团。当时刚踏出校门的丁道衡年仅28岁。他公开认定：白云鄂博是一个蕴藏丰富而有开采价值的大型铁矿，沉睡了亿万年的白云鄂博被丁道衡发现了。在这次考察工作中，他共绘制了地质图100多幅，收集地质资料35箱、风俗物品3箱，这不仅是他正式参加地质工作的开端，而且是他一生中所取得的最辉煌的巨大成就。他对新中国成立后的包头钢铁基地的建设和大西北的开发作出了巨大贡献。1934年，丁道衡以教学科研的成就获北京大学资助赴德留学。先入柏林大学学习构造地质学，次年转入马堡大学研究无脊椎动物化石。留德3年，获博士学位，并被授予英国皇家学会会员。

1937年底，丁道衡放弃了优越的条件，怀着报效祖国的热诚回国，应聘为云南省建设厅技正（总工程师）。于1939年秋参加"川康科学考察团"，立下在西南处女地寻找矿产的雄心，率先研究了西南地区铝土矿。1940年丁道衡应聘武汉大学矿冶系，后随校搬迁至四川乐山。1942年秋，丁道衡怀着报效桑梓的热忱回到故乡，任国立贵州大学矿冶系主任、教授、文理学院院长。1945年贵州大学成立地质学系，他又任系主任，为国家培养地质人才作出了卓越的贡献。1950年起，丁道衡任贵州大学校务委员会主委，当选为贵州省各界人民代表会议代表、贵州省人民政府委员、西南文教委员会副主委。1955年，地质部委派丁道衡到地质部古生物司工作。不幸于1955年2月21日晚突发脑溢血，经抢救无

效逝世，享年 56 岁。^①

1932 年起，在北京大学地质系任助教的丁道衡受实业部地质调查所邀请，参加了该所主持的北平西山地质测图，来到今门头沟区妙峰山地区。在此，他有了一些新发现。

"（从民国九年到今，匆匆过了十二年）因为其他工作忙碌的缘故，地质调查所虽抱有重测西山的决心，而至今好些年还没有实现。去年暑假，一方面为使北平各大学学生有一个练习测制地质图机会，一方面借此实测西山地质，以便有所改正。遂特邀北京清华燕京三大学助教学生加上地质调查所的计荣森先生，共组成九队，往西山一带实测地质。每组二人，各测约三百余方里的面积。以陆军测量局出版的二万五千分一的地形图作基础，测制的时期定为三星期，由调查所委托王竹泉先生及著者为指导员。经此一番工作之后，遂发见了许多新事实，足以补充以前的不足。……

至论门头沟煤系和其下层的接触，从前是一向认为整一的。但据去岁高振西君在青白口一带的调查和丁道衡君在下苇店的研究，俱似乎应是不整合的接触。他们的理由是：（一）在青白口图幅内，门头沟煤系的走向略呈东西向。但自西向东，始与侵入岩相接，继与奥陶纪灰岩相接，终则与炒米店灰岩相接矣。此种斜交接触，除断层外，当为不整合之有力证据。（二）在上苇店图幅内也有同样的情形。据丁道衡君调查，门头沟煤系和其下地层的倾角也不相同，故不整合的推断似更可信。"^②

---

① 据百度搜索转载传记摘编。

② 谢家荣：《西山地质的新研究》（原连载于 1933 年 8 月 13 日、20 日和 27 日《自然》周刊第 37、第 38、第 39 期，转引自《谢家荣文集》二，P116-118，地质出版社，2007 年出版）

"据丁道衡君在上苇店图幅内调查，门头沟煤系与其下地层的倾角，不甚一致，似亦足为不整合之证。"[1]

黄草梁十里坪：古夷平面（海拔约 1600 米），地层西山系（原青白口系下马岭组，距今 14 亿—12 亿年）。

◎ 黄汲清

黄汲清（1904.3.30—1995.3.22），原名黄德淦，中国大地构造学和石油地质专家，被称为"中国石油之父"。清光绪三十一年出生于四川仁寿县青岗场的一个书香人家。1917 年考入四川省立第一中学。1921 年进天津北洋大学预科。

---

① 谢家荣：《北平西山的地层系统》（《谢家荣文集》二，P283，地质出版社，2007 年出版）

1924年入北京大学地质系，改名汲清。1928年毕业，同年入地质调查所。1932年夏赴瑞士留学。1935年获浓霞台大学理学博士学位。1936年归国后，历任中央地质调查所地质主任、代理所长、所长。1940年因不满于官僚资本集团而辞职。1946年回北平，兼任北京大学教授。同年当选为中央研究院最年轻的院士。1949年，毅然从英国回到重庆，迎接解放。历任中央地质工作计划指导委员会委员、地质部西南地质局局长、地质部普查委员会常委、地质科学院副院长、名誉院长。1955年被选为中国科学院学部委员（院士）。黄汲清在大地构造学、石油地质学、地质制图、古生物学、地层学和中国地质学史等方面均有巨大建树。他创立的多旋回构造运动说奠定了中国历史大地构造学的基础。他是发现大庆油田的主要决策人和组织者之一。①

　　黄汲清在北大学习地质期间，多次到北京西山进行实习考察，成果累累。1927年，他用英文发表了处女作《北京西山寒武纪及奥陶纪地层》。初露才华，竟获得了当时的中国地质学会和农商部地质调查所的一笔140元大洋的奖金。〔茅矛：地学泰斗黄汲清（转引自百度网）〕目前已知他有《北京西山寒武纪及奥陶纪地层》（《中国地质学会志》，第13卷第2期，P243-288，1927年）、《北京西山杨家屯煤田地层地质之考查》（与杨曾威、李春昱、朱森合作，《国立北京大学地质研究会会刊》，第2期，1928年）、《北京西山辉绿岩之研究》（与朱森合作，《国立北京大学地质研究会会刊》，第3期，P91-96，1928年；《北平研究院院务汇报》第六卷第二期）等关于门头沟区的地质论文。有关行迹，

　　① 据《中国科学院院士自述》（上海教育出版社，1996年出版）P692《黄汲清》编者介绍，任纪舜《杰出的地质学家黄汲清教授》（《黄汲清著作选集·前言》，地质出版社，1992年出版）等编写。

现择几例。

"'解密尘封的历史档案，他的科学精神将给后人怎样的启示？手把锤子出大门，上高坡，下深谷，越大山，爬峻岭，前行前行复前行。美丽的化石，整齐的地层，复杂的是褶皱，逆掩的是断层；风吹，雪舞，日晒雨淋，还有毒蛇猛兽，老二强人（指土匪）；不必怕，不要紧，我们都是征服自然界的人。前行前行复前行，莫忘积石西倾和秦岭，莫忘长白与大青。横断山高，贡嘎峰峻，祁连积雪厚，天山明月照坚冰。锤子在手囊在背，前行前行复前行，莫辜负少年好光阴。'这是70多年前，年轻时代的黄汲清写下的一首山歌体的言志诗篇。据说，每当行外人对黄汲清痴情于地质投来疑惑的目光时，他总是打趣地说：'久于爬山的人为什么这样不怕吃苦呢？其实我们的苦是有限的，而乐是无穷的。我们的乐是无所求于人、无得失之念存于心，是乐也，诗人之乐也！'这便是中国老一辈科学家的苦乐观。"[1]

"1924年夏，他考入北京大学地质系，开始了地质生涯。在李四光、王烈教授，特别是美国学者 A. W. 葛利普教授的教育和熏陶下，他对各种地质现象深感兴趣，不断去北京西山进行野外观察。……1927年，他用英文发表了处女作《北京西山寒武纪及奥陶纪地层》，初露才华。"[2]

"黄汲清民国十六年（1927）将军庄一带早古生代地层剖面划分为馒头页岩、鲕状灰岩系（张夏灰岩）、竹叶状灰岩系（炒米店灰岩和崮山页岩）、北岭子灰岩、马家沟灰岩。这一划分为北京地区寒武纪—奥

---

① 茅矛:《地学泰斗黄汲清》(转引自百度网)

② 姜春发:《黄汲清》(《中国现代科学家传记》第一集，P342–343，科学出版社，1991年出版)

陶纪地层的划分奠定了基础。"①

"〔奥陶纪〕就岩性论，本纪可分为上下两部。（一）下部属下奥陶纪。为暗色含燧石块状石灰岩，于底部中夹绿页岩薄层。于燧石晶片层丛集之处，化石亦特多。据黄汲清在军庄西北桃园十八盘沟中所测剖面，共厚一一〇公尺。中含二化石层。下层距寒武、奥陶纪之接触线仅十公尺。化石计有：〔略〕……

（二）上部灰岩属中奥陶纪。以暗蓝色厚层状石灰岩为主。质理细密而纯粹，堪供烧灰之用。据黄汲清在军庄所测，共厚二九六公尺。化石层亦有二，下层距底部不远。含：〔略〕……上层化石层则近顶部。此处灰岩亦含燧石，即有名之珠角石石灰岩也。黄君所采珠角石化石计有二种：〔略〕……"②

"〔杨家屯煤系——石炭二叠纪〕时代及比较。昔杨曾威、李春昱、黄汲清、朱森诸君在杨家屯、灰峪等处，在本系中采得多量化石。依据化石种类，分本系为上中下三部……"③

"〔有人认为〕在西山一带，除了杨家屯（属二叠纪）和门头沟（属下侏罗纪，位于九龙山系之下）二大含煤系之外，还有一个较九龙山系更新的夹煤系。从前黄汲清、李春昱二先生赴西山调查地质时，就曾提出这个问题。"④

---

①　王学德主编《北京志·地质矿产志》（北京出版社，2001 年出版）P27

②　谢家荣：《北平西山的地层系统》（《谢家荣文集》二，P275，地质出版社，2007 年出版）

③　谢家荣：《北平西山的地层系统》（《谢家荣文集》二，P277，地质出版社，2007 年出版）

④　谢家荣：《西山地质的新研究》（原连载于 1933 年 8 月 13 日、20 日和 27 日《自然》周刊第 37、第 38、第 39 期，转引自《谢家荣文集》二，P117，地质出版社，2007 年出版）

　　向阳口：珍珠湖段永定河峡谷，地层元古代蓟县系、西山系、青白口系，距今16亿—8亿年。出露大量侏罗系岩浆侵入岩。（网络）

◎ 李春昱

　　李春昱（1904.5.8—1988.8.6），字赓阳。区域地质学家、大地构造学家。他与谭锡畴的《四川西康地质矿产志》是我国这一地区地质的奠基性著作。清光绪三十年出生于河南省汲县（古称卫辉府，今卫辉市）霞岛村。1922年考入北京大学理科预科。1924年在北京大学地质系学习，1928年毕业，获理学士学位。1928—1934年任农矿部地质调查所调查员。1934年赴德国柏林大学留学深造。1937年在德国柏林大学理学院获理学博士学位。1938—1942年任四川省地质调查所所长。1939—1941年兼任重庆大学地质系教授。1941—1942年兼任中央大学地质系教授。1942—1949年任经济部中央地质调查所所长。他为把地质调查所完整归还给人民作出重大贡献。1950年任东北地质矿产调查总队总队长。

同年任中国地质工作计划委员会委员。1951年任渭北煤田普查大队队长。1953年任华北地质局总工程师。1956年任地质部北方总局总工程师。1958—1965年任地质部地质科学研究院区域地质室技术负责人。1965年任全国区域地质测量局技术负责人。1972年任地质部西北地质科学研究所技术负责人。1978—1988年任地质部地质研究所研究员，中国地质学会常务理事，名誉理事，中国地震学会名誉理事。1980年当选为中国科学院地学部学部委员。1988年8月6日在北京辞世，享年84岁。[①]

李春昱于1924年考入北京大学地质系本科。在校期间，他与同班好友朱森、黄汲清、杨曾威积极参加北京大学地质研究会的活动，并经常利用星期天和节假日去野外考察，合作编写论文，发表在该会会刊上。李春昱在门头沟区境的行迹，目前仅见于他与朱森、黄汲清、杨曾威（第一作者）合著的《北京西山杨家屯煤田地层地质之考察》（刊于1928年《国立北京大学地质研究会会刊》第3期）一文所记。

"〔杨家屯煤系——石炭二叠纪〕时代及比较。昔杨曾威、李春昱、黄汲清、朱森诸君在杨家屯、灰峪等处，在本系中采得多量化石。依据化石种类，分本系为上中下三部……"[②]

"〔有人认为〕在西山一带，除了杨家屯（属二叠纪）和门头沟（属下侏罗纪，位于九龙山系之下）二大含煤系之外，还有一个较九龙山系更新的夹煤系。从前黄汲清、李春昱二先生赴西山调查地质时，就曾提

---

① 据汤耀庆《李春昱》（《中国现代科学家传记》第一集 P363–369，科学出版社，1991年出版）等摘编。

② 谢家荣：《北平西山的地层系统》（《谢家荣文集》二，P277，地质出版社，2007年出版）

出这个问题"。[①]

　　西奚古道：沿河城断裂带上的古道。传说是唐代奚族人所开辟。
地层蓟县系和西山系地层为主（距今 16 亿—12 亿年）。

◎ 赵金科

　　赵金科（1906.6.11—1987.5.18），号子铭。地质学家、古生物学家。
清光绪三十二年出生于河北省曲阳县文德村一个农家，少年习武，喜练
少林拳术。1926 年考入北京大学预科。两年后升入地质系本科，受业于
李四光、孙云铸、谢家荣诸名师。1932 年本科毕业后留校。1937 年入

---

　　① 谢家荣：《西山地质的新研究》（原连载于 1933 年 8 月 13 日、20 日和 27 日《自然》
周刊第 37、38、39 期，转引自《谢家荣文集》二，P117，地质出版社，2007 年出版）

美国纽约哥伦比亚大学深造。1939年因学校经费困难提前回国。入中央研究院地质研究所，任副研究员、研究员。历任中国科学院南京地质研究所一级研究员兼副所长、所长、名誉所长。20世纪30年代，提出震旦纪地槽呈环状分布于极区泛大陆周围和内部的理论。30年代后期，他对广西西部开展区域地质调查，以证实地质力学理论阐述的广西山字型构造的位置及形迹。40—50年代，他研究头足类化石和二叠、三叠纪地层，取得突破性进展，成为我国古头足类学的奠基人之一。晚年领导并具体参与对华南二叠系最高层位长兴阶的层型及二叠—三叠系界线层型的专题研究，取得了丰硕成果。1980年成为中国科学院学部委员（院士）。1987年于南京辞世，享年81岁。[①]

赵金科于1932—1936年在北京大学任助教的5年中，除了协助葛利普和尹赞勋等教授的教学任务外，还和高振西一起协助系主任安排、管理该系的日常教学行政以及各班学生的室内课程和野外实习等工作。赵金科在京西门头沟区的行迹，摘取数则。

"（从民国九年到今，匆匆过了十二年）去年暑假，一方面为使北平各大学学生有一个练习测制地质图机会，一方面借此实测西山地质，以便有所改正。遂特邀北京清华燕京三大学助教学生加上地质调查所的计荣森先生，共组成九队，往西山一带实测地质。每组二人，各测约三百余方里的面积。以陆军测量局出版的二万五千分一的地形图作基础，测制的时期定为三星期，由调查所委托王竹泉先生及著者为指导员。经此一番工作之后，遂发见了许多新事实，足以补充以前的不足。……

〔过去曾〕断言辉绿岩侵入的时代，是后于九龙山系，这个结论好

---

① 据《赵金科》（《九三学社院士风采》P266-272，学苑出版社，2002年出版）等摘编。

像大家都默认了。直到去年法国教士德士进先生在西山游览，无意中于九龙山系底部的砾岩中发现许多辉绿岩岩块。这是说，造成九龙山系的时候，辉绿岩已经存在了，与上面的结论恰好相反。当去年暑假调查队出发的时候，我们就很注意这个问题。经计荣森、程裕淇、赵金科（赵君在香峪之西，看到九龙山系与辉绿岩接触之处有一侵蚀面。这是确指辉绿岩的侵入在九龙山系之前）、熊永先诸君的努力，终于得到了完满的结果。……"①

"〔在九龙山系以前，应当另有一个造山运动。这个意义是非常重大的。证据之一是〕据赵金科、周宗浚二君在军庄以北大将军岭一带的观察，九龙山系竟与寒武、奥陶等纪的石灰岩相接触；二者的走向亦颇不一。据二君观察，此处亦无断层，所以亦可为不整合的证据。"②

"〔髫髻山系〕本系与九龙山系的接触，从前认为是一大不整合。据最近陈恺、赵金科、高振西诸君的研究，似乎其间连清切分界的地方也没有，遑论不整合。"③

"〔辉绿岩分布〕在斋堂之北王家山、灵药寺、端村一带，赵金科君谓为髫髻山系，而因之假定门头沟煤系成逆掩断层向北推压之火成岩。"④

———————

① 谢家荣:《西山地质的新研究》（原连载于 1933 年 8 月 13 日、20 日和 27 日《自然》周刊第 37、第 38、第 39 期，转引自《谢家荣文集》二，P116-117，地质出版社，2007 年出版）

② 谢家荣:《西山地质的新研究》（原连载于 1933 年 8 月 13 日、20 日和 27 日《自然》杂志第 37、第 38、第 39 期，转引自《谢家荣文集》二，P118-119，地质出版社，2007 年出版）

③ 谢家荣:《西山地质的新研究》（原连载于 1933 年 8 月 13 日、20 日和 27 日《自然》杂志第 37、第 38、第 39 期，转引自《谢家荣文集》二，P119，地质出版社，2007 年出版）

④ 谢家荣:《北平西山的地层系统》（《谢家荣文集》二，P280，地质出版社，2007 年出版）

"〔东岭台系〕本系在西山出露较少，仅有四处：（一）沿河城以南东岭台；（二）沿河城西北、安家滩南；（三）上苇店西北炭厂、大沟等处；（四）妙峰山之北瓦窑、照甲台等处。以上四处俱位于西山地形异常高峻之部。……在东岭台之西坡，赵金科君在本系之底部见有黑色页岩，含保存不（完）整之植物化石。在瓦窑之南，亦有黑色页岩与红色页岩相间成层。在上苇店之北，马兰按、鹰嘴岩一带之沟中，本系与髫髻山〔系〕间不整合之迹，极为明显。"①

黄花甸：海拔约 1600 米，位于黄草梁主峰东，夏季黄花（学名金针花）很多。岩层，西山系，距今 14 亿—12 亿年。

<hr />

① 谢家荣：《北平西山的地层系统》（《谢家荣文集》二，P286，地质出版社，2007 年出版）

◎ 高振西

高振西（1907.7.7—1991.12.9），地质学家、博物馆学家、著名地质科普专家。清光绪三十三年出生于河南荥阳一个小地主兼教师世家。1917年到县城上小学。1920年考入省城开封省立第二中学。1924年中学毕业后，考入私立青岛大学工科预科。一年之后考入北京大学理科预科，1927年转入本科地质系。1931年毕业，留校担任地质系助教。1937年3月，调到南京实业部  中央地质调查所，后随迁重庆，历任技士、技正。1940年，任福建省建设厅地质土壤调查所技正兼地质课课长。1943年，他重返重庆中央地质调查所工作，兼任中央研究院地质研究所研究员。1945年抗日战争胜利后，高振西经南京到北平，参与接管并筹备恢复中央地质调查所北平分所。1946年后，他仍回南京中央地质调查所工作，期间曾到湖北南部等地调查地质矿产。1950年任地质陈列馆馆长。1952年地质部成立以后，他受命筹办全国地质博物馆，于1959年任馆长，1960年改任该馆总工程师，1981年起任名誉馆长。1980年当选为中国科学院学部委员（院士）。

1929年起为中国地质学会会友，1932年起为正式会员。1948—1953年和1979—1983年任中国地质学会理事，1984年起任名誉理事。1979—1983年兼任中国地质学会科普委员会主任、《地球》双月刊主编，1984年起为该委员会名誉主任。他还担任过中国博物馆学会常务理事，中国自然科学博物馆学会副理事长。

高振西在北京、广西、福建等地区做过区域地质调查，对奠定这些地区的矿产资源地质基础多有建树。对福建二叠纪地层系统及其地质构造特征及福建的山脉水系和海岸等也做了开拓性研究。他早年奠定了河北蓟县中、上元古界剖面岩石地层单位的基本格局，长期为中外地质学家所认同并作为相应地层的标准剖面而被广泛引用。新中国成立初期领导全国性地质博物馆的扩建工作，他是创建全国地质科普组织的带头人之一。

高振西的学术成就是多方面的，首先在晚元古代地层的研究方面做了大量的工作，最大的建树在于确立中国北方震旦系地层序列。高振西毕业任助教后，与北京大学地质系师生一起在北京周围调查地质，足迹遍及西山、北山以至河北宣化等地，发现李希霍芬19世纪建立的南口地区震旦系经典剖面岩性层序完全可以与蓟县地区的震旦系下部之一部分"长城统"相对比。所以，南口剖面远不如蓟县剖面全。他们在各地发现很多震旦纪地层，作了区测填图、剖面测制、标本采集，回到室内整理研究，还磨制光面、切片，描述了很多藻类叠层石化石，如圆筒状聚环藻、角状聚环藻和中国聚环藻。高振西与熊永先还新命名了蓟县聚环藻。20世纪70年代，经同位素年龄测定后确定，中国中、上元古界标准序列为（自上而下）震旦系、青白口系、蓟县系和长城系。高振西等所创立的蓟县剖面已作为中国中、上元古界的重要典型剖面，于1984年经国务院发布文件作为我国第一个国家级的地质自然保护区。高振西等所创立的地层名称，一直为广大地质工作者所引用。只有原"长城石英岩"后来细分为黄崖关组和常州村组。高振西与熊永先原定的"蓟县聚环藻"后为藻类古生物学家更名为"蓟县叠层石"。

"谁言寸草心，报得三春晖。"高振西在地质学史册上，留下了属于

他自己的一页。^①

　　珍珠湖：又名珠窝水库，永定河官厅山峡中最大的水库，主要地层为中元古代蓟县系和青白口系，距今8亿—16亿年。

　　1931年，实业部地质调查所所长翁文灏安排北京大学和燕京大学二校地学系高年级学生高振西、潘钟祥、陈恺、赵金科、熊永先、高平、李连捷到京郊生产实习地质填图。1932年起，地质调查所又派遣高振西等人到北京西山。有关文献记载了他的部分行迹。

　　"（从民国九年到今，匆匆过了十二年）去年暑假，一方面为使北平各大学学生有一个练习测制地质图机会，一方面借此实测西山地质，以便有所改正。遂特邀北京清华燕京三大学助教学生加上地质调查所的计

　　① 据《高振西》（《九三学社院士风采》P309–315，学苑出版社，2002年出版）摘编。

荣森先生，共组成九队，往西山一带实测地质。每组二人，各测约三百余方里的面积。以陆军测量局出版的二万五千分一的地形图作基础，测制的时期定为三星期，由调查所委托王竹泉先生及著者为指导员。经此一番工作之后，遂发见了许多新事实，足以补充以前的不足。……

我们很怀疑《西山地质志》上关于震旦纪地层的分类，恐怕有些差误。……据此次高振西、王钰二君在青白口、下马岭一带调查，发现与盘山大致相似的震旦纪剖面，所以我们的臆测已完全证实了。"①

"至论门头沟煤系和其下层的接触，从前是一向认为整一的。但据去岁高振西君在青白口一带的调查和丁道衡君在下苇店的研究，俱似乎应是不整合的接触。他们的理由是：（一），在青白口图幅内，门头沟煤系的走向略成东西向。但自西向东，始与侵入岩相接，继与奥陶纪灰岩相接，终则与炒米店灰岩相接矣。此种斜交接触，除断层外，当为不整合之有力证据"。②

"〔髫髻山系〕本系与九龙山系的接触，从前认为是一大不整合。据最近陈恺、赵金科、高振西诸君的研究，似乎其间连清切分界的地方也没有，遑论不整合。"③

"旧《志》尝以馒头页岩分为上下页岩中夹一石灰岩。高振西君在下马岭北苦梨涧发现，上页岩与中石灰岩间有侵蚀面，因之认为有一假整合存其间，并以此为寒武纪与震旦纪之分界线，而以中石灰岩与下

① 谢家荣：《西山地质的新研究》（原连载于 1933 年 8 月 13 日、20 日和 27 日《自然》周刊第 37、第 38、第 39 期，转引自《谢家荣文集》二，P116，地质出版社，2007 年出版）

② 谢家荣：《西山地质的新研究》（原连载于 1933 年 8 月 13 日、20 日和 27 日《自然》周刊第 37、第 38、第 39 期，转引自《谢家荣文集》二，P118，地质出版社，2007 年出版）

③ 谢家荣：《西山地质的新研究》（原连载于 1933 年 8 月 13 日、20 日和 27 日《自然》杂志第 37、第 38、第 39 期，转引自《谢家荣文集》二，P119，地质出版社，2007 年出版）

页岩相合，名为景儿峪石灰岩。"①

　　"据高振西君调查，青白口之南，门头沟煤系之走向约为东西向。但自西而东，始与侵入岩（岩性不明，或者为辉绿岩）相接，继与奥陶

　　龙门沟峡谷：位于龙门口与黄草梁七座楼长城之间，绵延十余千米，是通往河北省怀来、涿鹿的古道之一。地层中元古代蓟县系，距今16亿—14亿年。

①　谢家荣：《北平西山的地层系统》（《谢家荣文集》二，P271-272，地质出版社，2007年出版）

纪灰岩相接，终则与寒武纪之炒米店灰岩相接矣。"①

"最近，陈恺、高振西二君于清水尖及鬐鬐山之南北两坡，俱测有详细剖面。〔鬐鬐山系〕全层厚约一千五百公尺左右，大致可分为上下两部。下部多块集岩，中夹紫灰色凝灰质砂岩、凝灰岩及火山岩（粗面安山岩）。块集岩愈上愈少，火山岩则逐渐增加。"②

◎ 王 钰

王钰（1907.10.5—1984.4.8），古生物学家、地层学家。清光绪三十三年出生于河北深泽县一个地主家庭。1929年考入北京大学地质系。1933年毕业。同年被录用为在南京的中央研究院地质研究所与农村复兴委员会合办的地下水研究室调查员。1935年转入中央地质调查所，历任技佐、技士、技正，并任资源委员会专门委员。新中国成立后任中国科学院南京地质古生物研究所研究员，并任古无脊椎动物研究室主任。1980年当选为中国科学院学部委员（院士）。

王钰在中国泥盆系和古腕足类研究上都取得重大成就，但他一生淡泊名利，经常工作在前，排名在后，甘当引路人。他报考地质系，被人看作天天和石头打交道，讥笑他说："只有冥顽不灵的人，才整天与石头为伍。"王钰机智引用古诗回击："花如解语还多事，石不能言最可人。"③

---

① 谢家荣:《北平西山的地层系统》(《谢家荣文集》二，P283，地质出版社，2007年出版）

② 谢家荣:《北平西山的地层系统》(《谢家荣文集》二，P285，地质出版社，2007年出版）

③ 据金玉玕、李守军《王钰》(《中国现代科学家传记》第六集P361-364，科学出版社，1994年出版），王钰《自述》(《中国科学院院士自述》P499-501，上海教育出版社，1996年出版）等摘编。

1932年，王钰参加了实业部地质调查所组织的西山地质填图。他在门头沟区的行迹，被点滴记录：

"（从民国九年到今，匆匆过了十二年）去年暑假，一方面为使北平各大学学生有一个练习测制地质图机会，一方面借此实测西山地质，以便有所改正。遂特邀北京清华燕京三大学助教学生加上地质调查所的计荣森先生，共组成九队，往西山一带实测地质。每组二人，各测约三百余里的面积。以陆军测量局出版的二万五千分一的地形图作基础，测制的时期定为三星期，由调查所委托王竹泉先生及著者为指导员。经此一番工作之后，遂发见了许多新事实，足以补充以前的不足。……

我们很怀疑《西山地质志》上关于震旦纪地层的分类，恐怕有些差误。……据此次高振西、王钰二君在青白口、下马岭一带调查，发现与

落坡岭水库：位于王平镇落坡岭。周边地层，奥陶系马家沟组石灰岩，距今约 4 亿多年。

113

盘山大致相似的震旦纪剖面，所以我们的臆测已完全证实了。关于该纪内地层的详细层序，高、王两君将来当有报告。"[1]

◎ 计荣森

计荣森（1907.12.27—1942.5.13），字晓清。古生物学家、地质科技文献信息专家。对中国古生物学中的空白门类，如叶肢介、古杯动物、层孔虫、海绵等做了开创性研究。是中国地质科技文献信息研究的先驱者之一。原籍浙江省慈溪县。清光绪三十三年冬出生在北京一个演员家庭。1924年毕业于北京高等师范学校附属中学，考入北京大学理科预科。1926年升入北京大学地质系本科。1930年毕业于北京大学地质系。同年，由于成绩优异，工作能力强，因而被实业部地质调查所吸收为调查员。入实业部地质调查所任调查员。1933年被破格任命为实业部地质调查所古生物研究室副主任，时年仅26岁。1937年奉派香港，专办学术刊物印刷业务及订购西文书刊。1940年任经济部中央地质调查所技正。1940年获中央研究院的"丁文江先生纪念奖金"。1941年兼任中央地质调查所古生物研究室无脊椎古生物研究组主任。1942年在重庆北碚病逝。人称"老黄牛"。

计荣森性格外向，喜爱旅行，在游览祖国名山大川中增进知识，陶冶性情。1926年夏天，他预科毕业时，和朋友一起远游浙江杭州、安徽绩溪、芜湖、上海等地。奇山胜水引起他无穷的乐趣，他誓以探索大自然奥秘为己任。同年秋，他升入北京大学地质系本科。在该系李四光、葛利普、王烈、李学清等教授教导下，他学业进展很快。他在努力学习

---

[1]　谢家荣：《西山地质的新研究》（原连载于1933年8月13日、20日和27日《自然》周刊第37、第38、第39期，转引自《谢家荣文集》二，P116，地质出版社，2007年出版）

的同时，已开始大胆从事独立的科学研究。北京大学地质系的学术空气一直十分浓厚，早在该系创办之初，就由杨钟健等发起创立了北京大学地质研究会，后改名为北京大学地质学会。计荣森积极参加该会活动。1928年他的处女作——《湖之研究》发表在该会会刊上。以后，他又写了篇幅更长的《地质学发达史》一文，在该会1930年出的两期会刊上连载。计荣森积极参加各种学术活动。他1930年刚参加工作时，即加入中国地质学会，并一次交清会费，成为永久会员，积极为学会工作。他从1934年起担任学会的助理书记，1937年起兼任《中国地质学会志》编辑，1938年、1941年还兼任《地质论评》编辑，1942年他逝世前还被选为学会理事兼书记。[①]

1932年，计荣森在北平参加学会第9届年会时，担任赴北平西山三家店地质旅行的领队。对此，谢家荣等在相关文献中有过几则简略记载：

"（从民国九年到今，匆匆过了十二年）因为其他工作忙碌的缘故，地质调查所虽抱有重测西山的决心，而至今好些年还没有实现。去年暑假，一方面为使北平各大学学生有一个练习测制地质图机会，一方面借此实测西山地质，以便有所改正。遂特邀北京清华燕京三大学助教学生加上地质调查所的计荣森先生，共组成九队，往西山一带实测地质。每组二人，各测约三百余方里的面积。以陆军测量局出版的二万五千分一的地形图作基础，测制的时期定为三星期，由调查所委托王竹泉先生及著者为指导员。经此一番工作之后，遂发见了许多新事实，足以补充以前的不足"。[②]

---

① 据百度百科转载文章等摘编。

② 谢家荣：《西山地质的新研究》（原连载于1933年8月13日、20日和27日《自然》周刊第37、第38、第39期，转引自《谢家荣文集》二，P116，地质出版社，2007年出版）

"……〔过去曾〕断言辉绿岩侵入的时代，是后于九龙山系，这个结论好像大家都默认了。直到去年法国教士德士进先生在西山游览，无意中于九龙山系底部的砾岩中发现许多辉绿岩岩块。这是说，造成九龙山系的时候，辉绿岩已经存在了，与上面的结论恰好相反。当去年暑假调查队出发的时候，我们就很注意这个问题。经计荣森、程裕淇、赵金科（赵君在香峪之西，看到九龙山系与辉绿岩接触之处有一侵蚀面。这是确指辉绿岩的侵入在九龙山系之前）、熊永先诸君的努力，终于得到了完满的结果。……

有一天在山上考察，正在讨论这个问题的时候，恰巧与邻幅——三家店——的地质测查者计荣森君相遇。我就问他，此处的地层是否应属九龙山系。他说不然。照在三家店幅内所见的关系来看，应当是另一地层。于是，我们的意见不谋而合。后来，计荣森先生就替这个地层起了一个新名，叫作双泉统。

……属于下侏罗纪或最上部三叠纪的门头沟煤系，在西山一带分布甚广，并且为有关经济的重要地层。关于它的详细层序，《西山地质志》中分得不很明细。最近，王竹泉、计荣森二先生在门头沟矿厂附近研究，才把它详分为三层。自下而上为：（一）窑坡层亦即主要含煤层；（二）石港层；（三）龙门层"。①

"王竹泉、计荣森民国二十二年（1933）在门头沟进行煤田地质调查时，将叶良辅等划分的侏罗纪门头沟系分为下窑坡系、上窑坡系及龙门系。"②

---

①　谢家荣：《西山地质的新研究》（原连载于 1933 年 8 月 13 日、20 日和 27 日《自然》杂志第 37、第 38、第 39 期，转引自《谢家荣文集》二，P118，地质出版社，2007 年出版）

②　王学德主编《北京志·地质矿产志》（北京出版社，2001 年出版）P41

"龙门组，王竹泉、计荣森民国二十二年（1933）在《北平西部门头沟之煤田》一文中创名。命名地点在门头沟区的龙门村北坡。正层型剖面位于门头沟区岳家坡村北（民国二十二年，即1933）。主要由深灰、灰黑色砾岩、砂岩、砂质页岩组成，厚度159米。"[①]

八奇洞：位于北京著名寺庙潭柘寺附近，岩溶洞穴，幽长曲折，地质现象丰富，地质景观多样。地层，奥陶系马家沟组为主，距今4亿多年。

---

① 王学德主编《北京志·地质矿产志》（北京出版社，2001年出版）P41

◎ 贾兰坡

贾兰坡（1908.11.25—2001.7.8），字郁生，曾用笔名贾郁生、周龙、蓝九公。我国著名的旧石器考古学家、古人类学家、第四纪地质学家；中国科学院资深院士、美国国家科学院外籍院士、第三世界科学院院士。他是一位没有大学文凭，却攀登上科学殿堂顶端的科学大师，堪称传奇式人物。清光绪三十四年十一月初二出生于河北省玉田县邢家坞村一个贫寒家庭。1929年毕业于北京汇文中学，1931年入中央地质调查所新生代研究室，参加周口店北京人遗址的发掘工作。先后任练习生、练习员、技佐。1937年任调查员，1945年改称技士。1955年他接替裴文中先生主持周口店的发掘工作，工作优异。继裴文中1929年发现第一个头盖骨之后，他在1936年11月连续发现三具"北京人"头盖骨，震惊了国际学术界。

新中国成立后，历任中国科学院古脊椎动物与古人类研究所副研究员、研究员、学术委员和中国社会科学院考古研究所学术委员，并任中国科学院生物学地学部学部委员。他兼任过古脊椎动物与古人类研究所新生代研究室副主任、标本室主任和周口店工作站站长等职，同时，还是中国地质学会第四纪地质及冰川专业委员会副主任，中国考古学会副理事长，中国太平洋历史学会副会长兼秘书长，文化部国家文物委员会委员。1979年，贾兰坡与卫奇等研究了许家窑旧石器时代文化遗址，认为许家窑文化在细石器技术传统上是"北京人"文化与峙峪文化的过渡桥梁，并对世界范围内细石器的两大传统及细石器起源和分布等理论性问题作了探讨。1978 年贾兰坡对细石器研究作了系统总结，发表了《中国细石器的特征和它的起源与分布》，把中国的细石器研究向前推进了一大步，受到美国考古学者的支持。美国学者认为它对北美考古是指导性的。1980 年，当选为中国科学院院士；1994 年，当选为美国国家科学院外籍院士；1996 年，当选为第三世界科学院院士。

2001 年 7 月 8 日，贾兰坡因病在北京逝世，享年 93 岁。如今，在周口店北京人遗址博物馆的大厅，贾兰坡的半身铜像和"北京人"第一个头盖骨发现者裴文中、中国古脊椎动物学奠基人杨钟键的塑像并排展示。[①]

贾兰坡与京西门头沟区的渊源，让贾老在《周口店发掘记·十七，山穷水尽》章节中，自己说来生动有趣：

"贾从 1935 年秋天起，就打算到周口店附近一带寻找'新大陆'。他一直不相信，当时只有周口店龙骨山的山洞里住过北京人。反正，当时既没有北京式的'四合院'，更没有'高楼大厦'，有个地方能避一避风雨，当时的人也就心满意足了。他曾立下志愿，要把周口店 100 千米范围以内的洞穴，在不耽误周口店发掘的前提下，在 3 年内都调查完毕。但这个愿望未来得及全部实现，抗日战争就爆发了。他只调查了大灰厂一带，并从三家店起，沿着永定河而上，调查石灰岩地区。在军庄和灰峪的裂隙和洞穴堆积中都发现了不少的哺乳动物化石。

特别是灰峪这个地点，发现的哺乳动物化石有 27 种。经德日进研究，把时代定为早更新世。报告于 1940 年发表于《中国古生物志》新丙种第 9 号。还要顺便一提的是，这本书的书名是《北京附近第 18 号

---

① 据《贾兰坡》(《九三学社院士风采》P372-377，学苑出版社，2002 年出版) 摘编。

地点化石》。为什么把这个化石点编为第 18 号地点？原来，周口店的发掘费用是专款专用的，在清单上，写上'CKT'（周口店英文拼音的缩写）才付款，所以，凡是使用周口店款项发掘的项目，都得按周口店地点的顺序编号。当时，贾把军庄编为第 17 号地点，把灰峪编为第 18 号地点。实际上，这两处和周口店直线距离还有 40 公里。"①

用周口店款项发掘的门头沟区化石点有 4 个。其中第 25 号地点在燕家台附近的天仙背。贾兰坡把他到门头沟区的发掘地点编为第 16～18 号地点。对此，还有后话，令人扼腕。2004 年，那已是贾老辞世后的第 3 个年头，在周口店北京人遗址管理处和贾老生前长期的工作单位中国科学院古脊椎动物与古人类研究所大力支持下，周口店北京人遗址 27 个化石地点调查工作小组开展调查，并作了记录。参加人为杨海峰、黄万波、宋冬勇、葛大鹏、李俨、武灵玉等。其中，对第 16～18 号地点的调查情况如下：

"第 18 地点位于门头沟区灰峪村北约 800 处。我们一行人驱车行程 70 多公里，几经探问，最终到达门头沟区灰峪。在灰峪村委会中遇到两位上了年纪的老乡，向其询问当年出土龙骨的地方在何处。他们和刚进来的一位老乡都说在村的北边。并且，刚进来的老乡能说出龙骨是粘舌头的骨头，使我们非常兴奋。当我们到达所说的地点时，已很难辨认。当年的 18 地点已经被石灰厂采石所破坏，只找到了遗留下来的 18 地点的部分痕迹，从现场遗留物分析属角砾层。

第 16、17〔号化石地点〕位于 18 地点西侧的军庄（军河）附近，属石灰岩裂隙，堆积地层为角砾岩。由于化石较少，前人未在文献中作

---

① 贾兰坡、黄慰文著《周口店发掘记》（天津科学技术出版社，1984 年出版）P97

过详细报道，故此行对第 16、17 地点无从考证。

　　调查时间：2004 年 3 月 14 日 15：15" ^①

　　硅化木：埋藏地点——城子西坡，地层侏罗系九龙山组，距今约 1.6 亿年。

---

　　① 杨海峰、贾或彰、苏宝敦：《周口店北京人遗址》（中国人事出版社，2004 年出版）P53

◎ 高 平

高平（1909—1985），原名德明。地质学家，地质学教育家。祖籍浙江海宁南乡袁家坝。清宣统元年出生于杭州。1932年北京大学地质系毕业，任地质调查所调查员、技士。1937年抗战爆发，担任江西地质调查所所长。1943年赴美考察，1946年回国后，任中央地质调查所北平分所所长，并先后任中央研究院研究员、资源委员会专员、江西金矿勘探队队长。新中国成立后任北京地质调查所所长，后该所扩大为地质矿产勘探局，他任工程地质处处长，兼管经济地质处。1951年调任北京地质学院教授。1958年初，被错划为"右派"，下放贵州。1978年平反。后任贵州工学院地质系主任，兼任贵州省科学院副院长，当选第六届全国政协委员和贵州省政协常委。

高平经常深入各地调查研究，潜心著述。一生中发表过许多论文，对学术界很有影响。在江西六年，曾踏遍全省，普查地质、矿藏，测绘成图，并写出多篇专论，为大规模开采准备了条件。1956年发表论文《北京西山的深大断裂》，论及大断裂通过八宝山延伸到北京西北，提出要预防地震。20年后的唐山大地震，上述地区果然受到强烈影响，后有关部门特将他的论文重新发表。晚年，在贵州专心研究当地岩溶与矿产及工程建设的关系，提出了不少独到见解。1985年逝世于贵阳，享年76岁。①

高平在门头沟区的行迹，谢家荣在《西山地质的新研究》（原连载于1933年8月13日、20日和27日《自然》周刊第37、第38、第39

---

① 据海宁市青少年科技教育协会网络文章《海宁科学界28星之十——地质科学家高平》编写。

期）和《北平西山的地层系统》（两文分载《谢家荣文集》二，P115-121，P269-287，地质出版社，2007年出版）中有所记载。网络上刊登高平之女高燕珠等撰写《人生逆顺记平翁——纪念高平先生诞辰100周年》一文，提供了昔日地质调查所重测北京西山地质的珍贵史料，以及当年在西山工作的一些情形，更为具体，十分宝贵。现摘编如下。

"中学毕业时，因当时浙江省政府为了鼓励国民教育，对考入北京大学的浙籍学生每年补助64元。高平于1926年考入北京大学理预科。北大地质系师资阵容强大。高平开始关注地质系的情况，又结识了地质系本科三年级同乡计荣森，给高平灌输了粗浅的地质知识。两年预科毕业，高平进了地质系。高平选择地质专业得益匪浅。他回忆道：

'我本是一个瘦弱者，面白而无血色。一直到进了大学本科，还是坐着嫌腰酸，立着脚酸；忙的时候会感到疲累，闲的时候会感到无聊烦恼。自从习了地质，经过几次野外训练，身体慢慢地改造了，食量开始增加，体重增加。起初走平路感觉累，后来只有爬山才费劲，到后来跋山涉水可以说毫不在乎了。'

高平办事严谨，为学认真，他的前半生可谓幸运。大学期间一次平常的野外地质实习，竟让高平等人名载中国地质学史册。他写道：

'1931年三年级完了的夏天，三、四年级大部同学得到地质调查所的供给旅费，赴冀东蓟县一带学习测绘地质图。我和高振西、熊永先三个人一组，费了50天工夫，除大家共同测了一幅盘山地形地质图外，还详细研究震旦纪地层。''一个剖面，测了50多天，天天是披星戴月地在山上细细敲打，相互讨论。三个尚未毕业的学生，知识浅，经验缺，但功夫是相当深。'

三年之后，三名学生都已工作。北京大学地质系高振西和地质调查所熊永先、高平的英文论文刊载于《中国地质学会志》，题目是《中国北部震旦纪地层》（*Preliminary Noteson Sinian Stratigraphy of North China*）。这篇文章奠定了我国北方晚前寒武纪岩石地层学的基本框架，70多年来，被中外地质学家广泛引用，无数的国内外学者和地质院校学生到蓟县考察实习。高平等人最先研究的蓟县中、上元古界地质剖面在世界上同一类型的地层里最为标准。蓟县北部山区一个长24千米，宽0.35千米的狭长地带因此于1985年列入国家级自然保护区。2001年12月，天津蓟县国家地质公园建立。2008年，天津蓟县地质博物馆建成，蓟县国家地质公园将申报世界地质公园。

1932年毕业后，高平百无聊赖，在宿舍里枯坐，回南方还是留在北平？犯难之际，听说地质调查所提供出差费，组织北京大学的学生到北平西山一带填绘1∶2.5万地质图。高平立即报名，他和二年级同学张寿常为一组，分到妙峰山这一幅。高平在行前意识到这可能是命运的转机，势必勤勉仔细做好。时正酷暑，'山高谷深，工作异常艰苦。除图幅西北部占图幅1/4为古生代地层，富产化石外，均为大片髫髻山系火山岩所掩覆。（我们）对火山岩的调查研究没有学过，按沉积岩的办法分层叙述……'

填图做了三个星期，高平和张寿常晒得黝黑。果然不出所料，地质调查所在兵马司九号会议室召开会议，参加填图的人'都次第在讲台上报告工作结果'。高平有备而来，条分缕析，图文要点历历分明。果然，地质调查所用这种考察方法录取了高平、熊永先和陈恺。同学赵金科留校担任葛利普的助教。

1933年夏试用期满，任调查员。此后的三年，每逢暑期，所里派高平带领北大地质系的学生到西山，在2.5万地形图上详细填绘地质内容。地质调查所所长翁文灏评价这项工作：'一方面训练后进，一方面

将西山地质填图扩大范围至察哈尔及山西境内，为华北最精细之地质工作。'

野外调查，风餐露宿，尤其到年节，旅店歇业，农户也不喜路人进家。一次高平下山找住宿，村民把他带到正在停灵的破庙，在庙后的破屋住下。高平夜半醒来，见一个灰色'幽灵'在床前转悠，壮胆一问，才知自己睡了乞丐的破床。"①

门头沟的悬空寺：（燕家台张仙港）位于燕家台以东，双大路北侧崖壁上，有龙王殿、娘娘殿、张仙殿等庙宇，都建筑在岩穴之中，绝壁高耸，松涛瑟瑟，环境优雅。地层：中元古代蓟县系、西山系，距今 16 亿—12 亿年。

---

① 张尔平、高燕珠：《人生逆顺记平翁——纪念高平先生诞辰 100 周年》（摘编）

◎ 林 超

林超（1909.4.13—1991.6.1），字伯超。地理学家，地理学教育家。清宣统元年出生于广东省揭阳县。1926年，就学于岭南大学文科，次年转入中山大学哲学系。1929—1933年，在中山大学攻读地理学与地质学专业，毕业后留校任助教。1934—1938年，前往英国利物浦大学地理系进修，获博士学位，归国后，历任中山大学教授和地理系主任、理学院代院长。1939年任西南联合大学教授，1940年参加中国地理研究所工作，历任副研究员、研究员、人文地理组主任和所长，1942年兼任复旦大学教授，1947年兼任金陵女子大学教授。1949—1952年，新中国成立后，任清华大学教授。1952年起任北京大学教授。1991年6月1日在北京辞世，享年82岁。

在长达60余年的地理学研究与教育生涯中，主要在理论地理学，地理学方法论，自然地理区划、土地科学与区划研究，中国地理学史，地理教育，中外地理学交流，治学之道等方面，博学精思、成果累累、春风桃李、教泽流长。在他主编《大百科全书》地理学卷的工作中所撰写的地理学条目，充分表达了他对地理学的深刻理解与高度概括。

生前历任中国地理学会理事、名誉理事，该会自然地理专业委员会代主任，全国自然科学名词兼地理学名词审定委员会主任，以及中国地名委员会、《中华人民共和国地名词典》编纂委员会学术顾问，还是国际地理联合会景观综合工作组成员、加拿大景观生态和管理学会终身会员。[1]

李昌文、牛文元《征途处处乐无垠——访自然地理学家林超教授》（《现代中国地理科学家的足迹》P35-36，学苑出版社，2002年出版）记载："解放后，林超先生致力于山区的研究。他靠两腿或以毛驴、自行车代步，带领学生考察了整个北京山区。"林超在门头沟的行迹，主要反映在他所撰写的《北京西山清水河流域自然地理》《北京山区土地类型研究的初步总结》《阴阳坡在山地地理研究中的意义》等关于京西门头沟区清水河流域自然地理的重要著述。据《北京西山清水河流域自然地理》作者注语，此文是作者在1955年参加北京大学自然地理专业生产实习的工作以后写的。可知文中所记，大多是他亲临跋涉的调查研究，以及带领地理系学生的实地考察所得。现仅摘几则。

"清水河流域是龙扒很多的地区。最近一次大规模的龙扒发生于1950年8月4日上午。为了帮助我们了解龙扒发生的过程，我们曾在斋堂附近的东北村和西北村向当地受到龙扒灾害的居民进行访问。……龙扒的搬运力量是很惊人的。在北涧沟口距龙扒发生源地约二千米的地方，巨石累累，直径数米。最大的石块长8.5米、宽5米、高3.3米。这些石块都是同一次的龙扒冲下来的。在平坦的地面上兀立着这样的巨石，特别见得触目。"[2]

"在最高峰的灵山，由于高度（2322米）和位置偏北的关系，成为

---

[1] 据蔡运龙《林超的学术思想和成就》《林超地理论文选》附录一，P216-222，北京大学出版社，1993年出版摘编。

[2] 林超：《北京西山清水河流域自然地理》（原载《地理学资料》第四期，科学出版社，1959年出版；摘自《林超地理论文选》P79-80，北京大学出版社，1993年出版）

本区最冷的地方。根据我们在1955年夏季的观察，灵山在夏季尚有下雪的可能。五月三十一日下午四时，我们在百花山腰的黄安坨时，气温骤降至9℃。天上有浓云，雷声轰轰，但未下雨。浓云过后，见灵山顶上白雪皑皑，如白头翁。6月1日我们曾登百花山上，眺望灵山的雪景。是日中午百花山的温度仅6℃。"[①]

"我们对北京山区的研究可以追溯到1958年以前，但专门进行土地类型调查和制图是在1962年才开始的。1962年，我们先在清

红庙岭砂岩：北京西山地质志命名，位于潭柘寺北村东北，古生代二叠系，距今约2.6亿年。

---

① 林超：《北京西山清水河流域自然地理》（原载《地理学资料》第四期，科学出版社，1959年出版；摘自《林超地理论文选》P82，北京大学出版社，1993年出版）

水河流域和百花山南北坡，用路线调查的方法绘制了 1∶50000 比例的《百花山—清水河土地类型图》和五条剖面线的综合剖面图（1∶5000），并对土地分异因素、分类和结构等问题作了试探。"[①]

"土壤的分布也有〔阴阳坡〕坡向转换现象。据我们在清水河流域的调查，位于北岸的灵山南坡，在海拔 1100—1200 米以上为棕壤，此高度以下至 750 米之间为淋溶褐土，再往下为普通褐土和粗骨性褐土。位于南岸的百花山北坡，海拔 900 米以上就发育棕壤，此高度以下主要是淋溶褐土。"[②]

◎ 程裕淇

程裕淇（1912.10.7—2002.1.2），中国地质学家。民国元年生于浙江省嘉善市魏塘镇。1929 年考入清华大学地理系。1933 年毕业，入实业部地质调查所任调查员。1935 年留学英国，在利物浦大学攻读变质岩石学。1938 年取得哲学博士学位。归国后历任中央地质调查所研究室主任和中央研究院研究员、中国科学院地质所副所长兼大冶铁矿地质勘探队队长、地质部地质科学研究院研究员、副院长、地质部副部长、总工程师、地质矿产部科技顾问委员会主任。曾任第六、第七届全国政协常委。1955 年被选聘为中国科学院学部委员（院士）。后任中国科学院地学部常委、学部副主任，中国地质学会第三十三届理事长等职。作为我国最早的现代地质学家之一，程裕淇在矿产勘查、矿床地质、变质岩

---

① 林超：《北京山区土地类型研究的初步总结》（原载《地理学报》第 35 卷第 3 期，1980 年；摘自《林超地理论文选》P120，北京大学出版社，1993 年出版）

② 林超、李昌文：《阴阳坡在山地地理研究中的意义》（原载《地理学报》第 40 卷第 1 期，1985 年；摘自《林超地理论文选》P168，北京大学出版社，1993 年出版）

学、前寒武纪地质研究方面取得重大建树，他的科学活动还涉及同位素地质学、火山地质学、工程地质学、地貌学、冰川学等领域。程裕淇长期担任技术、行政和学会的领导工作，参与了国家和政府部门的若干重大科学技术问题的决策，以及国内和国际学术会议的组织、领导工作，有效地发挥了对科学技术工作的领导、指导作用。2002年初在北京辞世，享年90岁。

程裕淇一生不脱离野外地质考察活动。从上大学起，直到晚年，长约70年。2000年6月，他还不顾87岁的高龄，仍然亲自奔赴野外，指导博士生的实习。他常说："如果不能亲自上山指导研究生的工作，我就不再带研究生了。"①

在大学期间，程裕淇参加了地质调查所组织的对北京西山的地质测量。在谢家荣的指导下，于1932年和1933年暑期填绘了北京西山、河北怀来区域共4幅二万五千分之一的地质图。有关行迹，现摘录几则。

"〔1929年翁文灏先生兼任清华大学地理系主任〕地质组从开始就重视野外实践。第一学期翁先生领着到西山。二三年级时以谢家荣老师为首带着……1932年和1933年夏季，我参加了地质调查所组织的北京西山1∶25000地质填图。2～3人一组。1932年完成一幅，谢先生还到野外指导检查。1933年共三幅。这不仅培养了独立进行室内外研究的能力，而地质调查所也通过实践考查（代替考试），录取我为调查员，分配到矿物岩石室工作。……长期地质实践和师长教诲，使我深信，大自然是一个伟大的地学实验室。高山峡谷、怪石奇峰都是它的实验成品。地质学家都应到这个实验室去亲自调研，再在此基础上进行实验测

① 据《程裕淇》（《九三学社院士风采》P481-489，学苑出版社，2002年出版）摘编。

130

试和综合研究，构成一个完整的求知过程。因此，我曾和每一个研究生同去野外。到90年代，我仍每年到野外从事专业工作，以期最大限度吸取大自然地质实验室成果的营养。"①

"……〔过去曾〕断言辉绿岩侵入的时代，是后于九龙山系，这个结论好像大家都默认了。直到去年法国教士德士进先生在西山游览，无意中于九龙山系底部的砾岩中发现许多辉绿岩岩块。这是说，造成九龙山系的时候，辉绿岩已经存在了，与上面的结论恰好相反。当去年暑假调查队出发的时候，我们就很注意这个问题。经计荣森、程裕淇、赵金科（赵君在香峪之西，看到九龙山系与辉绿岩接触之处有一侵蚀面。这是确指辉绿岩的侵入在九龙山系之前）、熊永先诸君的努力，终于得到

从香峪梁俯瞰永定河与门成镇，地层新生代全新世，距今约1万年。

---

① 程裕淇：《自述》（《中国科学院院士自述》P710–711，上海教育出版社，1996年出版）

了完满的结果。……"①

"〔东岭台系〕本系在西山出露较少，仅有四处：（一）沿河城以南东岭台；（二）沿河城西北、安家滩南；（三）上苇店西北炭厂、大沟等处；（四）妙峰山之北瓦窑、照甲台等处。以上四处俱位于西山地形异常高峻之部。……〔怀来县南部〕有大片流纹岩，造成峻峭之山峰。除为少数火成岩侵入外，皆掩覆于其他岩石之上。据程裕淇观察，在东湾及水龙观（大山口幅）之东，伏贴于髻鬌山系之侵蚀面上，作极不规则之接触。此种不整合关系，在山沟中最为明了。"②

◎ 马杏垣

马杏垣（1919.5.25—2001.1.22），构造地质学家。祖籍河北乐亭县。民国八年农历四月二十六日出生于吉林长春一个商人家庭。1931 年"九·一八"事变后流亡关内，又辗转到重庆。自南开中学毕业后，1938 年考入西南联合大学地质地理气象系。1942 年毕业后留校任助教。1946 年赴英国爱丁堡大学攻读变质岩地质和成因岩石学。1948 年获博士学位。同年归国，被聘为北京大学地质系副教授。1951 年晋为教授。1952 年院系调整，转为北京地质学院教授。后任教研室主任、副院长。1978 年调国家地震局任副局长，兼国家地震局地质研究所所长。1980 年当选为中国科学院学部委员（院士）。2001 年 1 月 22 日于北京辞世，享年 82 岁。

马杏垣虽任领导职务，仍坚持不离开基层，坚持在教学、科研第一

---

① 谢家荣：《西山地质的新研究》（原连载于 1933 年 8 月 13 日、20 日和 27 日《自然》周刊第 37、第 38、第 39 期，转引自《谢家荣文集》二，P117，地质出版社，2007 年出版）

② 谢家荣：《北平西山的地层系统》（《谢家荣文集》二，P286，地质出版社，2007 年出版）

线，为培育新一代的构造地质学人才而辛勤地耕耘。他常说，野外是地质科学的第一实验室，野外实习基地是培养地质专业人才的第一课堂。他教导学生们说：要成为一个优秀的构造地质学家，首先必须掌握辩证唯物的构造观和方法论，这样才能驾驭不同尺度和不同层次的构造现象，才能在研究中国地质时防止出现教条主义或经验主义现象；其次，必须踏踏实实地在一些关键地区苦干几年、十几年，只有通过艰苦探索形成独到见解的基础上，才能全面铺开，多方面吸取营养，丰富自己，这就是他历来坚持的"一地起家"培养地质人才的道路。他不仅创立了这一系列的优秀教学思想，而且身体力行在北京西山建设天然实验室。他亲自组织过多次不同比例尺，以不同地质内容为重点的地质填图和调查，支持和鼓励他身边的一些青年教员，长期坚持西山的研究工作。在他的言传身教下，培养了一批又一批优秀的构造地质研究人才。①

1952 年，马杏垣在创建北京地质学院时，还跋涉西山，寻址建立西山实习基地。他的学生记下了此行的行迹：

"〔北京〕地质学院继承了我国地质学前辈们重视野外现场考察，重视地质填图等基本训练，重视理论与实际相结合的优良传统和作风，建院工作开始不久，就提出了筹建野外实习基地的计划。学校要我跟随马杏垣先生到西山去为实习基地选址进行野外调查。我们沿永定河进入西山，经三家店、军庄，爬了九龙山、髻髻山、大云坨，一直跑到了妙峰山。那时妙峰山顶的寺庙已在战火中毁掉，一片断瓦残垣，无人居住。那天连饭也没有吃上。……针对实习基地的要求，对沿线的地质、构造

① 据李存悌、杨主恩《马杏垣》（《中国现代科学家传记》第四集 P368–373，科学出版社，1993 年出版），马杏垣《自述》（《中国科学院院士自述》P493–494，上海教育出版社，1996 年出版）等编写。

进行了多方面比较。马先生对各类典型的、有意义的地质现象、构造型式都仔细观察。他身材高大，步履矫健，随走随作路线地质图。一天下来，一大片地段的地质图几乎就填出来了。……"[①]

死火山口：位于妙峰山香道上，地名萝卜地。地层侏罗系土城子组，距今约 1.4 亿年。

◎ 郝诒纯

郝诒纯（1920.9.1—2001.6.13），女。地质学家、微体古生物学家、地质教育家。祖籍湖北咸宁，民国九年出生于湖北武昌。1930 年随父母迁北平。1938 年考取西南联合大学，先学历史，后改学地质学。1943年大学毕业，入云南地质调查所，任技士，并在云南大学矿冶系兼课。

---

① 丁国瑜：《自述》（《中国科学院院士自述》P490，上海教育出版社，1996 年出版）

1943 年考取清华大学地学系研究生。1945 年毕业。抗日战争胜利后返回北平。1946—1952 年在北京大学任教。后转入北京地质学院任教。1957—1959 年在苏联进修微体古生物学。1963—1965 年作为科技援外专家被派往古巴指导地下水勘探和石油普查。回国后继续在北京地质学院任副教授，后担任古生物教研室副主任、主任。1978 年任中国地质大学（北京）教授。1980 年当选为中国科学院学部委员（院士）。历任中国古生物学会和中国微体古生物学会理事长。曾担任全国政协委员、常委，全国人大常委会委员，全国妇联副主席，北京市人大常委会副主任等。2001 年辞世，享年 81 岁。

郝诒纯早年从事地质普查找矿。为适应 20 世纪 50 年代我国石油、天然气勘查急需，郝诒纯转而改为主攻微体古生物学，最终使其在我国发展成为一门系统的独立学科，在国民经济建设中发挥了重要作用，也促使该学科达到当时国际水平。

作为杰出的教育家，郝诒纯坚持在教学、科研第一线。除投身大庆石油会战等生产实践外，她经常带领学生组成生产实习队，在野外实习中深入生产实际，为油田、煤田等探查、生产单位解决实际问题，以培养锻炼学生，提高他们的能力。[①]

"1960—1962 年，北京地质学院地层队在郝诒纯指导下，对门头沟区下苇甸—韭园的寒武系和奥陶系进行研究。并与山东、唐山剖面对比，认为地层特征基本一致。从而引用其地层名称，划分为七阶五组。但其资料与成果均未正式发表。"[②]

① 据《郝诒纯》（《九三学社院士风采》P849-854，学苑出版社，2002 年出版）摘编。

② 王学德主编《北京志·地质矿产志》（北京出版社，2001 年出版）P27-28

　　妙峰山镇下苇甸寒武系剖面：出露寒武系 5.4 亿—4.85 亿年地层，囊括了寒武系 5 千多万年全部地层，是华北地区最著名的寒武系剖面。

◎ 乔秀夫

　　乔秀夫（1930.10.30—2021.3.1），中国地质科学院地质研究所研究员，1930 年 10 月 30 日生于山西省交城县义望村，1950 年 9 月至 1952 年 9 月，在北京大学地质系学习。

　　1953 年北京地质学院毕业后留校任教。1973 年到 1978 年在武汉地质学院任教。1978 年以来一直在中国地质科学院地质研究所工作，历任区域地质与编图研究室副主任、主任。1991 年首批享受国务院颁发的政府特殊津贴。1995 年 11 月离休，2021 年 3 月 1 日病故，享年 91 岁。

乔秀夫长期从事区域地质综合研究与地质编图、沉积学与岩相古地理、前寒武纪构造古地理，地层学与软沉积物变形等方面的研究，发表论文 150 余篇，出版专著、文集 6 部，其研究成果获国家自然科学二等奖 1 项，地质矿产部（国土资源部）科学技术奖一等奖 4 项。1980 年开始作为主要成员协助王鸿祯院士，完成了中国古地理图集，1996 年共同主持编制出版了《中国地质图集》（中文、英文版）及 1∶350 万华北地区地质图等一系列大型地质图集和小比例尺地质图件，在国际国内得到广泛应用。

乔秀夫从 20 世纪 80 年代末开始，率先在中国开展古地震触发的软沉积物变形研究，是我国震积岩研究的领航人。三十多年来，乔秀夫先生坚持多学科交叉和科技创新，在北京西山、辽东半岛、山东半岛、燕山、太行山、吕梁山、龙门山、郯城—庐江带、秦岭、天山南北、塔里木、鄂尔多斯、广西、豫西、台湾等地，在元古代到新生代地层中开展古地震触发的软沉积物变形构造成因研究，提出地震触发软沉积物变形的分类，取得了世界一流的研究成果，为中国古地震研究提供了坚实的理论基础。将软沉积物变形构造研究从单一的沉积学发展为集沉积学、构造地质学、区域大地构造学和地震学为一体的地质学科，创立了"动力沉积学"新学科，为中国震积岩研究奠定了基础。

乔秀夫一生爱国敬业，从塔里木盆地到辽东半岛、从川西龙门山到山东半岛都留下了他探索的足迹。他早年对华北地台元古代地层及吕梁运动、芹峪运动等进行了深入研究。1953 年起带领北京地质学院学生在北京西山、河北唐山等地野外教学实习，开展了前寒武纪研究，提出了关于地层关系、构造运动和岩浆活动的新认识，对华北地台形成演化和地质找矿工作具有重大意义。乔秀夫经常到北京西山进行地质考察，进行深入研究。芹峪运动是他在北京西山门头沟芹峪发现的重要地质现象与研究成果。

1988 年到 1990 年，乔秀夫先生带领地质所十几名年轻人，在北京西山地区开展露头层序地层学研究，对门头沟下苇甸寒武系到奥陶系剖面进行现场讲解，指导团队完成了系列研究论文。对后辈提携，倾囊相授，深受爱戴，培养了一批后辈地质学家。[①]

乔秀夫在芹峪运动发现地与地学爱好者合影。地层中元古代蓟县系和西山系，距今 16 亿—12 亿年。

---

① 依据中国地质科学院地质研究所乔秀夫追悼会悼词编写。

◎ 丁国瑜

丁国瑜（1931.9.19—　），新构造学、第四纪地质学、地震地质学家。祖籍河北武强县。民国二十年出生于河北省高阳县。1937 年抗日战争爆发后随迁北平。1949 年从四中提前毕业，考入北京大学地质系。1952 年毕业后留校任助教。1955 年留学于苏联莫斯科地质勘探学院。1959 年获副博士学位。同年归国，历任中国科学院地质研究所副研究员、第四纪地质研究室副主任、国家地震局分析预报室主任、研究员、副局长、学术委员会主任。1980 年当选为中国科学院学部委员（院士）。[1]

1952 年，在创建北京地质学院时，丁国瑜跟随马杏垣跋涉西山，寻址建立西山实习基地。他记下了此行的行迹：

"〔北京〕地质学院继承了我国地质学前辈们重视野外现场考察，重视地质填图等基本训练，重视理论与实际相结合的优良传统和作风，建院工作开始不久，就提出了筹建野外实习基地的计划。学校要我跟随马杏垣先生到西山去为实习基地选址进行野外调查。我们沿永定河进入西山，经三家店、军庄，爬了九龙山、髻髻山、大云坨，一直跑到了妙峰山。那时妙峰山顶的寺庙已在战火中毁掉，一片断瓦残垣，无人居住。那天连饭也没有吃上。"[2]

---

① 据高维明《丁国瑜》（《中国现代科学家传记》第六集 P477–482，科学出版社，1993 年出版），丁国瑜《自述》（《中国科学院院士自述》P4904，上海教育出版社，1996 年出版）等摘编。

② 丁国瑜：《自述》（《中国科学院院士自述》P490，上海教育出版社，1996 年出版）

　　将军洞（瞭望台）：将军洞位于军庄将军山上，洞体高大，内有古代军事设施，以及石臼、陶瓷片、朱砂摩崖题字等，陶瓷片延续时间 2000 多年。岩层古生代奥陶系，距今约 4 亿年。

三、当代在北京西山有重要发现的地质学家

◎ 王鸿杰

王鸿杰，1937 年出生于河北省安国市，1960 年毕业于地质部郑州地质专科学校，攻读水文地质工程地质专业。毕业即赴青藏高原从事专业工作36 年。教授级高级工程师。执笔提交多项水文地质、工程地质、地热地质调查研究成果，发表多篇专业论文。

1988 年任总工程师，顺黄河跨越青海、甘肃、宁夏三省达 1150 千米，进行地质环境调查。经过兰州市到银川市，其间穿越盐锅峡、八盘峡、乌金峡、黑山峡、小观音等峡谷。两岸控制宽度各 10 千米。调动三部千米钻机，实施钻探工程。最终编写的《黄河上游刘家峡——青铜峡环境工程地质勘察报告》获国家《地质矿产部》大奖。

退休后应聘完成专业工程多项，主要有：

一、河北省涞源县《西神山饮品厂》，1500 米以下，深层矿水的勘探、打井定位、施工、开采、建厂。

二、北京市门头沟区清水镇洪水口矿泉水研发、建厂、开采。

三、2010 年应河北省涞源县地质矿产局聘请，任总工程师。历时近三年，提交《河北省涞源盆地旅游地质调查研究报告》，发现的地宫洞、长街洞、涵泷洞立体交叉，延展 15 千米。其间面积超越足球场大的洞体三处。擎天玉柱鼎立，似琼楼玉宇；洞天广阔，如草原大漠，牛羊成群，猛兽捕猎；更有暗河的流水和洞顶滴水，清脆传声。

四、发现北京市门头沟区《白龙沟冰川谷》，国内瞩目，国际关注：

2004 年 10 月，范姓开发商欲修复门头沟区斜河涧遗址广化寺，王鸿杰应聘进行环境地质评估。调研过程中，发现一"巨型漂砾"，予以拍照。同时对周边宏观地貌拍摄多张连片，甚觉疑窦重重，从而放心不下，决心弄个究竟。之后，多次租车前往考察，先后邀请孙实贤水文工程地质工程师，程德春地质工程师到现场对漂砾施测、观察，发现巨砾顶部磨光面上显见条痕三向三组，钉头鼠尾典型清晰，令人振奋。后来，顺沟谷向上游追索，发现了冰蚀坎、羊背石、侧积垅、旋转石。远眺上游，沟谷呈标准的"U"形，均拍片留档。

经综合分析判定，巨型漂砾为冰川遗物遗迹，命名为"巨型冰川漂砾——条痕石"。进而在其周边采岩样、土样各三组分析化验，做绝对年龄测定。时隔两年多，到 2007 年写出研究报告。

《国土资源报》以《京西，初识白龙沟冰川谷》配以"巨型冰川漂砾——条痕石"及多幅冰川遗迹图片，于 2007 年 6 月 19 日整版见报。《北京日报》《中国青年报》《光明日报》《北京晨报》等，多家媒体予以跟踪报道；中央电视台《新闻联播》节目同时播报。

冰川学教授韩同林先生赴现场考察时说："此'巨型冰川漂砾——条痕石'之大，保存之完好和特征之明显及条痕发育在砾岩之磨光面上。从砾石磨光面上所解读出的科学信息之详尽，不单在北京地区在国内外也属罕见，堪称世界奇观。"

《中国日报》（国际·英文版）2007年9月4日予以报道后，美国休斯敦大学环境地质学教授和澳大利亚气象学专家直接打电话问询可否探访。中国地质矿产部予以婉言推谢。

白龙沟巨型冰川漂砾——条痕石的发现，说明北京西山地区240万年前，被厚冰雪覆盖着。

王鸿杰认为，对白龙沟冰川谷的探察研究，有助于对气象气候演化趋向和环境演变的认知。开发白龙沟冰川谷，使其成为中外地学界观察

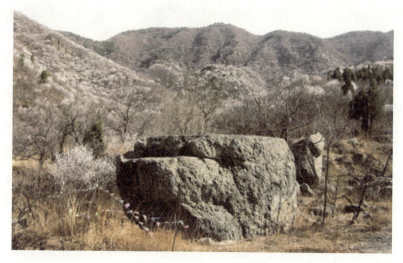

冰川漂砾：位于妙峰山镇斜河涧村白龙沟，国内已知最大有擦痕的冰川漂砾。石质，侏罗系砾岩，距今约1.6亿年。

研究古冰川的实地场所，具有重要科学价值。

王鸿杰认为，白龙沟冰川谷亦具旅游开发价值。当代游客已不再单纯地为消闲而成行。他们渴望在游观中获取更多的科学知识。通过白龙沟冰川谷这一地球地学窗口，能使游客实地观察冰川遗迹，促成地质科学的普及，提高环境保护意识。

基于上述，他建议地方政府与中国地质科学院，协同构建地质科学研究基地和地质科普旅游公园的联合开发。

◎ 鲍亦冈

鲍亦冈，浙江绍兴人，1934 年 1 月出生，清华大学本科毕业，地质勘探专业。教授级高级工程师。曾任北京市地质调查所总工程师、高级工程师，北京地质学会常务理事，中国地质学会城市地质研究会理事。1958—1961 年担任北京市地质局耐火材料队主任工程师，1961 年 10 月至 1963 年担任北京市地质局综合地质大队主任工程师，1964—1980 年担任北京市地质局 102 队主任工程师，1981 年 7 月至 1994 年先后担任北京市地质调查所副总工程师、代理所长和总工程师。退休后，一直担任所在单位的技术顾问。

在《地质学报》（1983 年第 2 期）发表《论北京地区燕山运动》。"燕山运动"系翁文灏先生 1927 年考察了北京西山等地后提出的，当时是指侏罗纪末、白垩纪前的造山运动，以九龙山组与髫髻山组之间的不整合为代表。以后丁文江、谢家荣、赵金科、黄汲清、李春昱、赵宗溥等学者相继对燕山运动进行过研究，就其发生的时期、性质、特征和运动的分期等问题指出了许多不同的看法。过去多侧重于从地层学角度来进行研究，如鉴定地层间不整合面，探讨运动的时期、分幕等，由于我国东部中生代以来，特别是在侏罗纪—白垩纪，多为一些孤立分布的陆相火山—沉积盆地，地层的划分、对比和时代都较难确定，因地层问题没有得到很好解决，使得对燕山运动发生的时期和运动分幕等问题上一直存在着争论。燕山地区是燕山运动命名的所在地，地处燕山西段的北京，历来是地质工作者研究燕山运动所注目的地方。北京地区中生代不同时期的盆地发育、构造变形和岩浆活动都比较齐全，且具代表性，深入研究分析本区中生代各种地质发展事实，将有助于阐明燕山运动的发生、发展、性质和基本特征。鲍亦冈论文认为燕山运动开始于三叠纪与侏罗纪之间，从侏罗纪开始为燕山构造旋回的开始，燕山运动结束于早白垩世末、晚白垩世前。

1991 年作为副主编，鲍亦冈出版《北京市区域地质志》（1991 版），资料截止到 1985 年，当时已经完成了沙峪、上清水、青龙桥、沿河城 4 幅国际分幅 1∶5 万区域地质调查。全书分为地层、岩浆岩及岩浆作用、区域变质岩及变质作用、地质构造、区域地质发展史 5 篇，附图有北京市地质图（1∶20 万）、北京市岩浆岩图（1∶25 万）、北京市地质构造图（1∶25 万）。

1995 年出版《北京燕山期火山地质及火山岩》，按照"有联系的成生发展观点、有序的发展演化观点和分级别总结归类对比的观点"学术思路，系统总结了北京地区中生代燕山期火山地质和火山岩的主要特征，在丰富翔实的资料基础上分析探讨了区域构造——岩浆活动特点和规律。

1996 年出版《北京市岩石地层》，对各地层单位的命名由来、划分变化沿革做了详细而严格的考证、订正，规范了岩石地层单位，明确了层型和划分标准，阐明了各地层单位的区域延伸展布与变化，厘清了有关岩石地层单位的穿时性，初步建立起各断代地层的沉积格架。上述工作为地层研究的科学化奠定了良好的基础，使地学研究领域中最为基础性的地层工作有了统一的认识。

2000 年负责组织完成《北京市 1∶5 万区调片区总结》项目，该项

龙门涧嶂谷：位于门头沟清水镇燕家台村北，谷深水清，林木繁茂，景色优美，被誉为北方喀斯特之花。地层以中元古代雾迷山组为主，距今约 15 亿年，地层中含有大量叠层石，记录了远古地球生命演化。

工作以区域地质调查资料为基础，以现代地学理论为指导，对北京地区近百年来的区域地质调查研究所取得的成果进行了系统的总结，并于2001年出版《北京地质百年研究——北京地区基础地质研究的历史与最新成果》。全书分为地层、侵入岩、火山岩和地质构造4篇，汇集了先后两轮1：5万区域地质调查和各单位的科研成果资料，对北京地区的基础地质特征作了系统而深入的探讨和阐述，较好地揭示了区域地质演化规律，展示了北京地区多彩的地质风貌，提出了不少新观点，介绍了许多新内容、新成果。

◎ 郝守刚

郝守刚，1942年4月10日出生于北京，祖籍山东莱州。1961年入北京大学地质地理系古生物学专业学习，1968年8月毕业，分配至山东胜利油田。1978年8月，作为恢复高考后的第一届硕士研究生返回北大深造。1981年毕业留校任教，为北京大学地质系（后为地球与空间科学学院）讲师、副教授、教授，曾任北京大学理学部委员、北京大学学报（自然科学版）副主编及中国古生物学会副理事长。主要研究领域为古植物学，曾多次赴美国密歇根大学和北卡罗来纳大学学习交流与合作研究。郝守刚项目组对中国云南早泥盆世的植物群开展了系统研究。在此基础上，提出了早期维管植物的新分类方案，将维管植物谱系之"根"追溯至早泥盆世；发现并揭示了地球上最古老根系、叶片的性状特征，确定了它们起源的时间节点；揭示了原始维管植物与古土壤的相互作用，为早期植物与地球环境的协同演化提供了直接证据。论文发表在中国、美国、英国、德国、荷兰等重要的学术刊物上。研究所取得的诸多原创性成果很快被国内外同行引用，有些成果被选入古植物学教科书，被誉为"最引人注目的发现"，"对人们理解泥盆纪植物提供了非同寻常的重要贡献"。2013年出版的英文专著 *The Early Devonian Posongchong Flora of Yunnan* 是郝守刚与国内外同行 30 余年来，"对云南坡松冲植物群开展研究的系统总结"。目前，该植物群已成为世界上早期维管植物的最重要信息来源之一。研究成果获教育部自然科学一等奖、尹赞勋地层古生物学奖、李四光地质科学奖等奖项。

郝守刚的地质学的学习训练是从北京西山开始的。作为地质系的学生，最早的普通地质学寨口实习，在下苇店观察寒武纪—奥陶纪地层，在杨家屯采集石炭—二叠纪植物化石。北京西部山区大台、千军台、大安山及斋堂富含侏罗纪植物化石。瑞典人安特生（J. G. Andersson），早在 1920 年就曾在斋堂收集了丰富的植物化石。郝守刚也曾带领学生赴大台潘涧沟和桥峪沟采集侏罗纪上下窑坡组的植物化石，并指导学生完成论文。

郝守刚与门头沟区最密切的联系，在于他发现了斋堂东胡林人。1966 年初，当时北大的学生、老师和机关干部组成"工作队"来到东胡林村开展"社教运动"。4 月 2 日这一天，在带领青年社员劳动的过程中，郝守刚意外地第一次邂逅"东胡林人"。当时，出土了一具较完整的少女骨骼及两具成年男性的零星体骨。经科学院古脊椎所周国兴和尤玉柱收集并做了研究。进入 90 年代，"过去全球变化"（PAGES）的研究成为科学界瞩目的新领域。第四纪黄土由于记录了长期以来的气候变化规律而日益受到人们的重视。1995 年 5 月 10 日，在野外考察的过程中，又发现一具东胡林人的骨骼，即"东胡林人四号人"。郝守刚带领学生做了抢救性的清理和收集，获得了半具"东胡林四号人"的体骨（现存放于首都博物馆）。在北京大学和教育部基金的支持下，开展了一系列研究。在综合了北京大学和美国 Lawrence Livermore 两个加速器质谱年代实验室的数据后，获得了相对精确的"东胡林四号人"生活的年代：碳 14 年龄为 8540 BP（c. 7500 BC，距今 9500 年前）。这是"东胡林人"的第一次测年数据，证实了遗址的科学价值，论文发表在 *Antiquity* 上。2001—2002 年，在相对精确的 C14 的年龄框架支持下，郝守刚等对该遗址的黄土剖面的分层、黄土的粒度特征、矿物成分、化学成分、孢粉图谱及蜗牛的相对丰度进行了研究。该遗址是目前北京地区，乃至华北，年代最早且内涵最丰富的新石器早期遗址，是发现种植

东胡林人遗址考古现场，地层新生代全新世，距今约1万年。

（世界上最早培育出"粟"的地区）

"粟"的几个新石器时代遗址中年代最早古老的。这个黄土剖面包含了晚更新世及早全新世的黄土堆积、沉积间断及埋藏的古土壤，文章以"北京斋堂东胡林全新世早期遗址的黄土剖面"为题发表在《地质学报》上。该剖面的意义在于将东胡林万年人类演化的历程置于自然环境演化的背景之下，深化了我们对自然环境及气候变化与人类活动关系的认知。

◎ 高林志

高林志，祖籍山东聊城，1955 年 11 月出生于黑龙江省北安市，毕业于北京第二外国语学院地质英语专业。中国地质科学院地质研究所研究员，从师于乔秀夫先生，进行生物地层学、层序地层学和灾变地层学研究。发表中、英文论文 200 多篇，与团队与同事合著多本地质专著。曾获得国土资源部一等奖一次，二等奖三次。兼任中国古生物学会理事和中国孢粉学分会副理事长。

将中国古老稳定的中、新元古代地层树立成为国际晚前寒武纪年代地层标准是中国地质学家们的梦，也是长期奋斗的目标。而高精度前寒武纪年代地层框架的建立，是当代地学年代学研究的首要任务，也是各大陆地层对比和构造解译的基础。

北京西山是中国地质学家的摇篮，也是一些标准地层剖面的命名地。该地区芹峪大庄村公路上，下马岭组三段凝灰岩层中（火山灰）首次测得全新的 SHRIMP 锆石 U-Pb 同位素年龄数据［1368 Ma（13.68 亿年），高林志等，2007］，验证 SHRIMP 锆石 U-Pb 同位素的可靠性，带动中国中、新元古代标准剖面同位素系统性数据的获得，彻底改变了华北中元、新元古代地层标定、地层划分和地层对比。由此产生的新构造观极大地提高了对该地区的地学认知与成矿背景的解释。

该成果是中国地质调查局在国家 95 计划的全国大地调项目支持下，在北京西山命名剖面上获得的突破，同时经过中国和澳大利亚两大国际知名测年实验室的验证。该成果 2007 年分别在国内外中、英文杂志上发表，其成果入选为中国地质科学院 2007 年度的十大成果之一。中国地层委员会 2007 年厦门会议上，高度重视该成果对中国标准剖面立典的重要意义；同时，提出了火山凝灰岩的分布具有广泛性，建议在其他地区进行更多的测年验证。同年，根据乔秀夫先生对下马岭组古地理分布和古火山口的推测，在华北怀来县新保安赵家山剖面上再次发现十层凝灰岩，获得 SHRIMP 锆石 U-Pb 同位素年龄数据［1366 Ma（13.66 亿年），高林志等，2008］；该成果彻底改变了中国中元、新元古代地层划分和对比。由于下马岭组的精确定年，在新的中国地层表中保留了青白口系，新的青白口系包括龙山组和景儿峪组两个组及单位，时间跨度为 10 亿—7.8 亿年。将原青白口系中的下马岭组剥离出另建新系，命名为西山系［1400—1200 Ma（14 亿—12 亿年），乔秀夫等，2007］，提高了中国中元古代地层年表的精确性，开创了全国地层表的划分和对比的新时代，对中国地层学研究具有里程碑意义，在世界地学领域产生了广泛深刻的反响。①

---

① 文中提到的青白口系、下马岭组，是以门头沟青白口、下马岭命名的地质名词。新命名的西山系囊括下马岭组的全部地层。

表1 中国中–新元古代地层年表（据高林志等，2009c，修改）

		Cambrian	寒武系		€		Ma
							542
元古代	Neo-proterozoic	Ediacaran	震旦系	Pt_3^3	Z_2		550
							570
					Z_1		615
							635
		Cryogenian/ —— 720Ma	新元古代	南华系	Pt_3^2	Nh_3	Pt_3^{2c}	660
						Nh_2	Pt_3^{2b}	725
						Nh_1	Pt_3^{2a}	780
		Tonian		青白口系	Pt_3^1	Qb_4	Pt_3^{1d}	820
						Qb_3	Pt_3^{1c}	870
	Pt_3		Pt_3			Qb_2	Pt_3^{1b}	930
						Qb_1	Pt_3^{1a}	1000
	Meso proterozoic	Stenian	中元古代	玉溪系	Pt_2^4	Yx	1200
		Ectasian		西山系*	Pt_2^3	Xs	1400
		Calymmian		蓟县系	Pt_2^2	Jx	1600
	Pt_2	Statherian	Pt_2	长城系	Pt_2^1	Ch	1700
							1800
	Paleo-Proterozoic	Orosirian	古元古代	滹沱系	Pt_1^3	Ht	2000
		Rhyacian		高凡系	Pt_1^2	Gf	2300
	Pt_1	Siderian	Pt_3	未命名	Pt_1^1		2500

Archean   Ar

152

全国地层委员新地层表（表1）对中国晚前寒武纪年表进行重新标定，分为7个系一级单位；其中Pt21长城系（Ch）；Pt22蓟县系（Jx）；Pt23西山系（Xs）；Pt24玉溪系（Yx）；Pt31青白口系（Qb，）限定在（1.0–0.78 Ga）（10亿—7.8亿年）；Pt32南华系（Nh）限定在（780–635 Ma）（7.8亿—6.36亿年）及Pt33震旦系（Z）限定在（635–542 Ma）（6.35亿—5.42亿年）。依据新地层年表的确立，其地层对比、构造背景和层控矿床的解译将发生重大变化。

高林志团队在门头沟雁翅镇刘公沟进行中晚元古代地质考察
（在井儿峪组距今约8亿年地层采样）

◎ 吕金波

吕金波，籍贯河北沧县，生于 1956 年，毕业于河北地质学院。博士，教授级高级工程师，北京市地质调查研究院（现北京市地质调查研究所）原副总工程师。主要从事区域地质调查工作，完成了区域地质图在北京地区的全覆盖，获中国地质调查局优秀图幅奖。建立北京平原区地质剖面，发表论文 80 余篇。通过测量永定河山峡 8 级阶地和石花洞 8 层溶洞，提出北京西山 8 次  抬升；通过对石花洞各类石笋的测量，建立了石笋第四纪剖面，进而分析了北京 3000 年来的古气候。调查了丹霞山，提出拓展丹霞地貌的研究范围。研究了张家界，进行了张家界砂岩地貌成因分析。在门头沟桑峪发现了距今约 11 万年的人类骨骼。

编写了《中国区域地质志——北京志》《石经文化中的地球密码——房山石经与石头的故事》《远古北京——时空隧道里的故事》和《神农架国家公园研学手册》。

在永定河流域进行了长时间的地质调查。1982—1985 年，从事 1∶5 万沿河城幅区域地质调查，调查草庙沟盆地、永定河山峡和整个区域地下水情况，测量了孙庄新生代地层剖面（YP33）、64 号铁路隧道上方黄土剖面（YP32）、幽州村 41 号铁路隧道湖相层剖面（YP28），测量了幽州站（YP31）、幽州南（YP27）、沿河城火车站（YP26）、沿河城村东

（YP25）横切永定河山峡的第四纪地质剖面，测量了沿河城断裂带龙门口（YP30）、沿河口（YP29）横切支沟的第四纪地质剖面。在《中国区域地质》杂志（1991年第1期）发表《北京沿河城幅1：5万区调中的水质调查》，在《北京地质》杂志（1993年第2期）发表《从永定河的形成与发展看北京西山新生代的古地理变迁》。

1986年，从事《鲁家滩南楚沟大理石矿详查》工作，这里是建造徐增寿墓的古采坑，为科学开采景儿峪组（芙蓉和山水）大理石矿奠定了基础。在《石材》杂志（1996年第2期）发表《北京地区的石材资源》。

1987—1989年，从事1：5万石景山幅、良乡幅区域地质调查，调查了大石河河口、长辛店砾岩和永定河山峡，测量了辛开口大石河河谷剖面（SⅢ－Ⅲ′）、大灰厂长辛店组剖面（SⅡ－Ⅱ′）、羊圈头上新统剖面（SⅧ－Ⅷ′）、芦井中上更新统剖面，测量了永定河山峡的石古岩剖面（SV－V′）、坟上村剖面（SⅥ－Ⅵ′）、陈家庄剖面（SⅦ－Ⅶ′）。

1990—1993年，从事1：5万雁翅幅、阳坊幅区域地质调查，调查了永定河山峡、清水河口、大村支流和温榆河流域，测量了永定河山峡最老的阶地——黄土贵上新世永定河阶地剖面（Ⅺ－Ⅺ′）、清水河口阶地剖面（ⅩⅤ－ⅩⅤ′）、河南台永定河阶地剖面（ⅩⅥ－ⅩⅥ′）、马跑泉第四系剖面（Ⅵ－Ⅵ′）、温榆河流域高崖口西沟第四系剖面（Ⅶ－Ⅶ′）和王峪黄土剖面。在桑峪黄土剖面发现人类股骨化石一块，在《北京地质》杂志（1993年第1期）发表《马兰黄土中发现古人类化石》。在韩家台发现哺乳动物化石点，在《中国区域地质》（1993年第4期）发表《北京西山哺乳动物化石点的新发现》。在《河北地质学院学报》（1994年第3期）发表《北京西山新生代古地理环境的演变》。

1997—2000年，主持1：5万大兴幅、庞各庄幅、马驹桥幅和香河幅区域地质调查，对永定河塑造的北京平原进行了调查。北京中心城区为深达 1567 米的北京凹陷，大约百米以浅为距今 22000 年以来沉积的砂砾石，称为"永定河冲洪积扇"，再向下至 1567 米深为距今 6600 万年以来沉积的新生代松散沉积物，称为"北京凹陷"。向南地下为"大兴隆起"，地表为永定河新扇；深约百米为基岩，大兴县城下面为奥陶纪石灰岩，大兴县城周边为寒武纪石灰岩，亦庄开发区地下为元古宙白云岩，整个大兴区域为具有向斜构造的隆起。在《中国地质》（2016 年第 3 期）发表《北京平原区地质剖面的初步建立——太古宙结晶基底和元古宙地层》，在《地质通报》（2016 年第 11 期）发表《北京百年地质调查的传承与发展——北京市区域地质志修编》。

吕金波博士讲解桑峪人骨骼和冰楔层发现情况
（地层新生代全新世马兰组马兰黄土，距今约1万年）

◎ 苏德辰

苏德辰，1964年生，北京怀柔人，1985年从长春地质学院毕业。1994年中国地质大学获博士学位。任中国地质科学院地质研究所研究员，2017年起兼任国土资源和自然资源部首席科学传播专家。近年来主要从事古地震学研究工作，在北京西山、云冈石窟、鄂尔多斯盆地、泥河湾等地发现了多处保存完好且非常典型的古地震遗迹。编写或主编科研专著5部，论文数十篇。在科普方面，编写科普专著4部，科普文章20余篇。其中，《地质之美——经典地貌》入选2017年国土资源部优秀科普图书，《我们诞生在地球》入选2021年自然资源部优秀科普图书，并入选国家新闻出版署2022年农家书屋重点出版物推荐目录。在央视《地理中国》等多期节目中任科考专家，在"知识分子"公众号任科学队长。为社会各界做科普报告数百场，撰写科普文章和科普博文百余篇。

苏德辰与北京西山情有独钟，1985年，参加地质工作后第一次野外工作即是到北京西山测制火山岩剖面。1993年，苏德辰为完成博士论文来到门头沟区进行实地考察，从大峪到川底下近70千米，苏德辰沿永定河与清水河之间，徒步往返多次，对西山地区寒武系和奥陶系厘米级的地层进行过精细测量，在下苇甸、清白口、双石头等村都曾借宿过。他的博士论文《北京地区下寒武统—下奥陶统旋回层序格架及其相关沉积学研究》和第一篇论文《Fischer图解及其在旋回层序研究中的应用——以北京西山张夏组为例》就是以门头沟区的寒武系到奥陶系地层为主要研究对象完成的，并由此奠定了他后来对北京西山地区科研发现的基础。

2011年起，苏德辰在门头沟区的庄户洼和房山区的贾峪等地连续发现并报道了多个古地震遗迹（参见文章列表）。其中，最为典型的实例是在门头沟区雁翅镇庄户洼附近发现了雾迷山组地层中保存完好的古地震液化丘和液化脉等，将世界地层古地震研究成果向前推进了数亿年。这些重要发现及研究成果已经在国际国内主要地学刊物发表，在国内外地质界产生了强烈反响。

苏德辰关于北京地区的主要论文目录

1. 黄敏，苏德辰，蒋子堃等. 北京永定河谷中新元古界雾迷山组叠层石生长控制因素探讨. 古生物学报，2017（2）：129–139.

2. De-Chen Su, A. J.（Tom）van Loon, Ai-Ping Sun. 2016. How quiet was the epeiric sea when the Middle Cambrian Zhangxia Formation was deposited in SW Beijing, China?. Marine and Petroleum Geology, 2016, 72: 209–217.

3. 苏德辰. 是蹄窝，不是壶穴—北京西山古道蹄窝成因考. 地质论评，2016，62（3）：693–708.

4. Su Dechen, Qiao Xiufu, Sun Aiping, Li Haibing, Ian S., Large earthquake-triggered liquefaction mounds and a carbonate sand volcano in the Mesoproterozoic Wumishan Formation, Beijing, North China. Geological Journal, 2014, 49: 69–89（DOI: 10.1002/gj.2501）.

5. Su Dechen, A. J. van Loon, Sun Aiping. Genesis of an uncommon clastic dike in an uncommon braided-river deposit. Journal of Palaeogeography, 2013, 2（2）: 19–29.

6. J. van Loon，Su Dechen. Deformed stromatolites in marbles of the Mesoproterozoic Wumishan Formation as evidence for synsedimentary seismic activity. Journal of Palaeogeography. 2013，2（4）：390–401.

7. 苏德辰，孙爱萍，郑桂森，吕金波，郭荣涛. 北京西山寒武系滑塌构造的初步研究，地质学报，2013，87（8）：1067–1075.

8. Su Dechen，Sun Aiping. Typical earthquake-induced soft-sediment deformation structures in the Mesoproterozoic Wumishan Formation，Yongding River Valley，Beijing，China and interpreted earthquake frequency. Journal of Palaeogeography，2012，1（1）：71–89.

9. 苏德辰，孙爱萍. 北京永定河谷中元古界雾迷山组软沉积物变形与古地震发生频率. 古地理学报，2011，13（6）：581–590.

10. 苏德辰. 北京地区下寒武统—下奥陶统旋回层序格架及其相关沉积学研究. 中国地质大学博士论文，1994.

苏德辰针对北京西山地区的科普文章

1. 苏德辰. 跟着地质学家走读西山（一）揭秘雪球事件与生命大爆发. 知识就是力量，2020（6）：64–69.

3. 苏德辰. 跟着地质学家走读西山（二）走近叠层石 探寻远古生命遗迹. 知识就是力量，2020（7）：68–73.

3. 苏德辰. 跟着地质学家走读西山（三）探寻15亿年前北京西山古地震. 知识就是力量，2020（8）：68–71.

4. 苏德辰，孙爱萍，朱月琴. 探寻古地震的奥秘——古地震遗迹与古地震记录解读. 国土资源科普与文化. 2017（4）：4–11.

作者刘德泉与苏德辰博士在15亿年前的沙滩上合影

（地层中元古代蓟县系雾迷山组）

第二部分

外国地学人物

◎ 科瓦列士斯基

叶戈尔·彼得罗维奇·科瓦列士斯基（1811—1868），目前所知第一位调查门头沟煤田地质和煤业生产的外国地学家。他也是近代中俄关系史上的一位活跃人物。他出生于俄国哈尔科夫省的一个贵族家庭，毕业于哈尔科夫大学。先在俄政府矿业司任职，后进入外交部。他作为外交官员，出国足迹遍及非洲、欧洲、亚洲的许多国家和地区。1840年被委派到中国新疆的伊犁、塔城一带活动，为俄国在我国西部开辟通商口岸搜集情报。1849年又被任命为俄国东正教第13届驻北京传教士团的监护官，于同年10月9日抵达北京。回国后，他立即被沙俄政府任命为特命全权代表，负责对华通商交涉。1851年8月6日，他代表沙俄政府签署中俄不平等条约《伊犁塔尔巴哈台通商章程》。在第二次鸦片战争期间，他担任俄外交部亚洲司司长，积极活动，从我国攫取了大片领土。1857年被选为圣彼得堡皇家科学院通讯院士。科瓦列士斯基还写过数部中篇、长篇小说，但影响力不如他的游记作品。他既是外交官和探险家，也是作家和学者。

科瓦列士斯基于清道光二十九年至三十年（1849—1850），作为监护官，伴送俄国东正教第13届驻北京传教士团的巴拉第等人到北京后，在北京停留了7个月。这期间，由一批俄国"中国通"协助，他在北京城内城外四处活动。事后，1853年，出版了他写的《中国旅行记》一书。[①]

书中对京西及周边煤田地质和采煤业作了很多记述，从中可以看出

[①] 据科瓦列士斯基《中国旅行记》（汉译本《窥视紫禁城》，北京图书馆出版社，2004年7月出版）译者阎国栋序言摘编改写。

作者的兴趣和注意力所在。这是目前已知最早的国外有关文献。现据该书汉译本《窥视紫禁城》第十三章"京畿门户"，将其中的《北京盆地》一节相关内容摘引如下〔个别标点及译名已予更正〕：

"在进入中国首都之前，我们不妨大略考察一下北京盆地的地质结构和煤层地貌。……北京所处的低地及众多太行山支脉中蕴藏的煤量丰富，主要供应北京及周边居民。

在分布广阔的煤层上面，土壤的主要成分是石灰岩。……南面，石灰层上覆盖着粗糙的砂岩和含有杂质的石灰石，一直延伸到北京平原。里面含有黄色的云母砂岩，很少有含碳物质。北京南部的煤层下是砂岩和石灰岩，有时还能发现石炭二叠系的植物化石。煤层上面覆盖着石灰岩的副产品。整条煤带向东南方向呈 40 度倾斜。东面和南面山脉的煤色泽光亮，黄铁矿含量大，因此品质低劣。……

西山峡谷中靠近煤山的门头沟、王平口和长峪谷，还有房山县的几个地方都是北京主要的煤矿。这里煤层的厚度可达 3 英尺多，而砂岩、石灰岩和页岩的厚度却很薄。石灰岩里可发现化石，这说明煤炭是处于石灰层中而且其形成要晚于宣化府石灰岩。这里的煤炭是烟煤，燃烧时烟雾浓烈。……门头沟是最大的产煤地，那里有 4 个煤矿。

过去，所有的矿井都是纵向开口，一般长达 2 俄里。井中少有支架，因为木材昂贵，煤矿坍塌工人身亡的事情时有发生。矿井工作面通常是沿着煤层的方向分布，一直延伸到不能挖掘为止。"[1]

---

① 叶·彼·科瓦列夫斯基：《窥视紫禁城》（阎国栋等译，《亲历中国丛书》，北京图书馆出版社，2004 年 7 月出版）序言、P108-110

　　半拉山：位于斋堂镇柏峪天津关，沿河城断裂带边沿，一半山体陷落到断裂带中。地层中元古代蓟县系，距今约 16 亿—14 亿年。

◎ 庞培里

　　庞培里（Pumpeiiy Raphael）（1837—1923），美国地质学与考古学家。第一位在京西门头沟区采集煤样和植物化石标本的外国地学家。生于美国纽约州奥维戈。1854 年本应就学于耶鲁大学，因获得极难机会前往瑞士、法国和意大利考察山脉及火山活动，遂于 1856 考入德国富莱堡矿业学院。1860 年毕业后返回美国从事教学与研究工作。1866 年起任哈佛大学教授达十年之久。1905 年当选为美洲地质学会会长。他一生活动范围遍及欧洲、亚洲、美洲，取得的学术成就颇丰，主要体现在对美国国内及世界各地的区域地质及矿产地质的研究，对地理学、人种学、考古学的研究等。其中，对中国地质矿产的研究影响深远，使他获得了世界声誉。他所提出的"震旦方向"（震旦是佛经中对中国的古称）和后人由此所创立的"震旦系"至今闻名于世。庞培里一生著作等身，其中相关东亚及中国的成书有《1862—1865年期间在中国、蒙古和日本的地质研究》（1866）、《穿越美洲和亚洲——5年环球旅行及在亚利桑那、日本和中国居住的记录》（1870）。应该指出，其中《中国、蒙古和日本的地质研究》一书书名存在重大错误。因为当时蒙古地区属中国领土，不应与中国并列。

在各种中文文献中，庞培里又被译作本潘莱、崩派来、彭拜莱、庞丕理……足有二三十个。这就经常使人查阅文献时误以为非同一之人，发生困惑。

不过，在中文文献中，叫人更加困惑的是，有一个有关他的错误，却十分一致，保持了近百年。1920年，《北京西山地质志》出版。书中把庞培里来华及到京西调查的时间，误作了其回国后发表《1862—1865年期间在中国、蒙古和日本的地质研究》一书后的1867年。从此，绝大多数中文论著，都沿袭了这一失误。包括《北京市区域地质志》（1991）、《北京志·地质矿产志》（2001）等当代有影响的著作。

据庞培里《1862—1865年在中国、蒙古和日本的地质调查》和1918年版《回忆录》等书所记，1861年，他接受日本政府邀请，乘船去日本，调查该国矿产将近一年，至日本政局变化。1862年，他又来到中国（包括当时为中国领土的外蒙古地区）调查地质及矿产，历时将近三年，成果丰硕。其间，担任清海关总税务司的英国人李泰国（H. N. Lay）为清政府购买了6艘炮舰，准备建立一支拥有新式舰艇的海军舰队。因所用燃煤需购自英国，价格昂贵，为寻找本土燃料，美国驻京公使蒲安臣、英国驻京公使卜鲁斯便向清政府推荐了正在中国的庞培里。

1863年，即清同治三年，庞培里受邀作为清政府总理衙门的座上宾，开始在门头沟、斋堂和房山一带煤田开展地质勘察。在京西煤田许多地方，进行了大约一个月的野外工作。他还采集了一些煤样和植物化石标本，还搜集了不少官方矿业档案等资料。不料，这时发生了这支舰队的英国司令拒绝接受清地方政府指挥的事件。清廷被迫取消了建立舰队的计划，已买下的炮舰转卖了，煤也不找了。庞培里对京西和外地的调查才随之终止。《1862—1865年在中国、蒙古和日本的地质调查》一书中，把北京至内蒙古一带的地质层序分为三大系：一、结晶岩层；二、泥盆纪石灰岩；三、三叠纪的含煤层。虽然后来的学者对上述分类进行了变更，但不可否认庞培里从此开创了北京西山区域地质调查和地层分类学工作。《北京西山地质志》第二章"火成岩"为中国地质界元老翁文灏所撰。第36页记斋堂盆地的斑岩，提到"崩派来氏曾记及云，煤系底部之砾岩含斑岩之卵石，则是斑岩之先成于砾岩矣"。

该书附录一是 J. S. 纽贝利所作的《中国含煤地层植物化石描述》，将庞培里采集的化石标本鉴定为5属6种。它们大多产自中生代侏罗纪煤系地层中，其中有"中国侧似查米亚"（采集地：北京西，桑峪）、"东方楔羊齿"（北京西，桑峪、斋堂盆地）、"娇柔型膜蕨"（北京西，桑峪、斋堂盆地），以及产自石炭纪煤系地层的"怀特比楔羊齿"。附录二、附录三是他人对煤样分析的数据和矿床岩矿标本的观察结果。

值得一提的还有，1864年的4—5月，庞培里在今属河北省张家口市的永定河上源洋河地区做了6个星期的第一次野外考察。此后，他又来到这一地区。在他的著作中，收录了他所绘制的《洋河地区路线图》《北直隶到南蒙古地质剖面图》。据王竹泉《黄河河道成因考》（1925年5月原载《科学》第10卷2期；转引自《王竹泉选集》P38，煤炭工业出版社，1991年出版）和谢家荣《陕北盆地的地文》（《方志月刊》第6卷第3期，1933年出版；《谢家荣文集》第二卷，P143）所述，庞培里认为，永定河的上游曾经是黄河，黄河水在新第三纪中、上新世时期，曾由今内蒙古的土默特川（前套平原）故道，东经黑水岱哈，以流入今之洋河，下汇于永定河入海。其重要证据之一，则以洋河河谷内之黄土，视为古时黄河之沉淀。[①]

陷落山：位于斋堂镇沿河城西大台附近，山峰陷落到沿河城断裂带中。南翼中元古代西山系，距今 14 亿—12 亿年；北翼中元古代蓟县系，距今 16 亿—14 亿年。

①　据《外国地质名人辞典》（地质出版社，1987 年出版）P155–156，潘云唐《庞培里》（《世界著名科学家传记·地学家 1》P133–143，科学出版社，1995 年出版），吴忱、许清海《国内外古河道研究现状与展望》（《华北平原古河道研究论文集》P5，中国科学技术出版社，1991 年出版），汪敬虞《十九世纪西方资本主义对中国的经济侵略》（人民出版社，1983 年出版）P420–421，叶良辅《北京西山地质志》（1920），陶世龙《从庞培勒到维里士》（《地质学史论丛》第 3 辑 P15–16，中国地质大学出版社，1995 年）等引用资料编写。

"清水河流域由于靠近北京，它的自然现象很早就吸引人们的注意。……科学的调查，则始于十九世纪六十年代。由于清水河中游斋堂附近蕴藏着丰富的煤矿，引起了封建统治者和帝国主义国家的注意。1863 年，美国人庞培里首先到斋堂地区调查煤矿。这是对于本地区地质最早的考察。他除了调查煤田地质外，并注意到清水河两岸阶地上的黄土和第四纪沉积伤，但他错误地认为是湖泊的沉积。"

◎ 李希霍芬

李希霍芬（Richthofen, Ferdinand von）（1833—1905），德国地理学家、地质学家。第一位以京西门头沟区地名来命名地质术语的地质学家。生于巴登符腾堡州卡尔斯鲁区的一个贵族世家。一生酷爱探险和地理、地质旅行。曾在布雷斯吉大学和柏林大学学习化学、物理和地质。1875 年后历任波恩、莱比锡、柏林等大学教授，柏林大学校长、柏林地理学会主席、国际地理学会主席。1894 年被选为法国科学院院士。早年曾研究过阿尔卑斯山脉、喀尔巴阡山脉，研究过花岗岩、白云岩。1860 年随普鲁士外交使团来到东亚各地。他于 1861 年（清咸丰十一年）3 月便到达中国，但那次并未开展地质调查。这样，人们把"第一个来华进行地质调查的外国地质学者"的桂冠，赠给晚于李希霍芬头次来华两年的庞培里。此后，1868 年（同治七年），李希霍芬再度来华，先后进行了六次地质调查。因获得上海西商会的经费，他周游中国达四年之久，遍及十八个省区。调查地质矿产、黄土、海岸性质与构造线分布等，获得大量资料，对中国的地层、地质做了许多研究。他把旅行沿途的所见所闻撰写成信件及时寄出。1872 年回到德国时，他已名声大噪。然后，他将这些信件汇编出版，名为《李希霍芬中国旅行报告书》，集中精力撰写鸿篇巨制《中国》（全名为《中国——亲身旅行和据此行作研究的成果》），共5卷。第1、第2、第4卷由他生前亲自完成，另两卷由他的学生和朋友根据他的考察资料编辑而成。其中1882年出版的第2卷（德文）《中国北部》中对华北地层的研究以及提出华北黄土风成说，至今仍不失其参考价值。据《中国旅行报告书》，李希霍芬于1869年7月、1870年6月、1871年9月来到北京从事调查。第三次到京后，于同年10月25日动身，深入京西斋堂进行地质调查。①

《北京西山地质志》（1920）一书引述了李希霍芬《中国》第二卷中，李氏在今门头沟区活动的部分路段，即自斋堂经柏峪，越天津关达矾山堡（今名矾山镇，属河北省涿鹿县）。在斋堂采集化石标本及对北京西山地层、地质构造及地史、地文及地文史的见解。并具体提及"柏峪黑色页岩""柏峪砂岩及页岩直接于矽质石灰岩之上"，该志第32页记，李氏将在门头沟周围出露的辉绿岩〔现定为玄武岩，属火山喷出岩〕命名为闪绿岩等。

现转引该书编撰者叶良辅在正文（中文）前的《引言》中，所记述的李希霍芬对北京西山地层的划分。其顺序是自最下层渐次到地表。并记述了地层命名中的地名，琉璃河、煤岭今属房山区；大鞍即大安山、庙安岭在今房山区与门头沟区分界处，在斋堂以南山岭上。大槽，在斋堂马兰村西，福桃，不详。上述地点，都应是李氏经行之处。矽，今作硅。

---

①　据《外国地质名人辞典》（地质出版社，1987年出版P122），《中国科学技术史·地学卷》（科学出版社，2000年出版P483–484），陶世龙《从庞培勒到维里士》《地质学史论丛》第3辑P17–19（中国地质大学出版社，1995）等编写。

"〔1863年美国地质学家崩派来氏赴京西调查煤矿及地质〕其后，德人李希霍芬氏来华。1869年有玉泉山及南口之行，1871年有斋堂、矾〔山〕堡之行。于是知崩派来氏之观察尚有错误。李氏复分西山地层如左。

破碎物剖面：位于清水镇煤窑涧沿河城断裂带中，说明沿河城断裂带曾经发生过剧烈的断裂和地震活动，地层新生代。

（一）震旦系。此层尚可分为若干层：（甲）矽质石灰岩。内夹燧石层，色或白或灰，上部微红；（乙）含燧石之结晶石灰岩。色灰层薄；（丙）厚层结晶石灰岩；（丁）蓝色结晶矽质石灰岩。间含燧石层；（戊）灰白色纯粹石灰岩。含燧石核；（己）蓝灰色及黑色矽质页岩与黄色砂岩之互层。页岩有平叠者，有褶皱者，且微含矿质；（庚），绿色厚层石灰岩。结晶甚细；（辛）红页岩与石灰岩之互层；（壬）鲕状石灰岩。含三叶虫化石；（癸）深黑色细结晶之石灰岩与蠕状石灰岩（即竹叶石）。（二）震旦纪以后之花岗岩与闪长岩。（三）琉璃河页岩。其时代未详。（四）石炭纪石灰岩。（五）煤岭层。即石炭纪煤系。（六）大鞍层。属三叠纪之最上部。（七）庙安岭之非含煤层。（八）大槽层。属三叠纪之末叶。（九）福桃层。属侏罗纪之初期。（十）昌平州之火山岩。（十一）黄土。（十二）洪积层与冲积层。"[1]

◎ 德雷克

美国来华地学教育家德雷克（N. F. Drake），一译杜雷克，生卒年不详。他是第一位到京西门头沟进行野外地质实习指导的外国地质学教师。清光绪二十一年至二十四年（1895—1899）任北洋大学矿冶科矿学、地质学教习。期间带领学生考察京西琉璃渠（村）、刘家岭、枪峰坡一带地质和煤田。[2]

德雷克对京西一带地质和煤田的调查结果事后有报告发表。他的调

---

① 叶良辅：《北京西山地质志·引言》（地质专报）甲种第一号，1930 年实业总署重印本 P1-2

② 据叶良辅《北京西山地质志》第五章《经济地质》，安延恺《从北洋西学学堂矿冶科到北洋大学地质系（1895—1947）——历史史实回顾》（《中外地质科学交流史》P46，石油工业出版社，1992 年）等综合编写。

查区域有的居然还超出了大约二十年后、由丁文江组织的西山大规模测图，从而为后人保存了极其珍贵的一段史料。可惜的是当年文献无缘得

沿河城：明代的内长城戍城，位于沿河城断裂带与永定河重叠地段。沿河城至向阳口形成长两千米多，高数百米的岩石地层剖面，蔚为壮观。

沿河城断裂：是北京著名的断裂，全长100余千米，在北京市境内60余千米，宽度上百米至上千米不等，因此也称其为沿河城断裂带。沿河城断裂把门头沟地质分为南北两盘，北盘以中元古代（距今18亿—14亿年）喀斯特（岩溶）山地为主，南盘以百花山、妙峰山、九龙山、香峪梁向斜含煤盆地为主。向斜核部出露中生代侏罗系地层，周边出露三叠系、古生代二叠系、石炭系、奥陶系、寒武系，以及中晚元古代西山系、青白口系地层（距今14亿—2亿年）。

见，只知叶良辅在《北京西山地质志》中有如下引述：

"琉璃渠（即琉璃局）、刘家岭、枪峰坡一带。上列各地皆在九龙山之北。……侏罗纪煤系在枪峰坡与刘家岭之间，呈露甚广。石炭纪煤田亦有二区。其一在刘家岭之北坡，九园、马各庄等地（后二村未载入图中），岩层逼挤甚紧。其二在琉璃渠，断层及褶皱甚多。且因断层，而与侏罗纪之九龙系直接相触，故石炭纪煤系之上不见侏罗纪煤系。至其地石炭纪煤系之实在情形无从调查，但知昔时小窑甚多，其煤尤富硫质。据杜雷克氏观察所得，此中有大煤槽一、小煤槽二三。此小煤槽平均厚约四五尺（上等煤仅一二尺），然有厚至十尺者。其上为大煤槽，厚四十尺，夹页岩厚三四尺。侏罗纪煤系中有无烟煤三层，厚五尺至六尺。"[1]

◎ 梭尔格

梭尔格（Dr. F. Solgar），生卒年不详。德国博士。清宣统元年（1909），他作为一位德国籍青年地质学家，受聘担任北京新成立的地质学门教习（教授）。在我国大学中讲授地质学这门课程，梭尔格当为第一人。1911年京师大学堂地质学门停办后，他一时赋闲。时任工商部矿政司地质科科长的丁文江曾与他交谈几次，了解了他在北京西山的工作成果，"觉得他是一位很可敬爱的学者，力排众议，请了他来。"民国二年（1913）冬，丁文江邀梭尔格一起到太行山区旅行了四十多天。"我很虚心地请教他，他也极热心地指导我，我们变成极好的朋友。"甚至，培养中国早期地质学人才的地质研究所的兴办，也与梭尔格相

---

① 叶良辅：《北京西山地质志·第五章：经济地质》地质专报甲种第一号，1930年实业总署重印本 P70

关。丁文江在《地质汇报·序》（农商部地质调查所，1919 年印行）曾写道：

"为育才计，时北京大学校长何燏时、理科学长夏元瑮皆赞助之。许以大学之图书、仪器、宿舍相假，复荐德人梭尔格博士为讲师。于是招生徒，定课目，规模始稍具焉。"

从此，梭尔格在工商部（1914 年 1 月与农林部合并为农商部）开办的地质研究所任教，成为中国早期地质学发展中对中国学者影响较大的西方学者之一。已知他在第一学年第三学期教授过岩石学（地质研究所学制三年，每个学年分为三个学期。9 月至年底为第一学期，1月至 3 月为第二学期，4 月至 6 月为第三学期）。此间，梭尔格多次参加野外考察。据 1923 年谭锡畴转引梭尔格手稿，后者将山东省淄博三台山出露的一套杂色长石砂岩命名为"三台系"（中央地质调查所《地质汇报》第 5 号 2 册）。谢家荣、卢祖荫、马秉铎《京西千军台、煤窝、百花山等处地质报告书》（1916 年未刊载书稿。《谢家荣文集》第 1 卷·地质学Ⅰ，P18-23，2007 年 1 月，地质出版社，北京）记："由磁家务东行遂入平地。约行七里而至坨里。之东有小岗，高不及二十米，为松质之砾岩，中间泥质，皆成水平层，德人梭尔格氏名之曰昌平层。"

梭尔格是中国早期地质学发展中对中国学者影响较大的西方学者之一。章鸿钊在《中国研究地质学之历史》一文中高度评价了他的教学工作，认为他对地质研究所"襄助最力"。不料，1914 年第一次世界大战爆发后，梭尔格赴青岛从军，为日军所俘，无法返回授课岗位。

另据于洸《北京大学地质学系早期史考》援引该校多种档案记载，北京大学地质学门（后改"门"为"系"）于 1917 年恢复招生后，梭尔格曾任教职。[①]

据章鸿钊编《农商部地质研究所一览》（京华印书局，1916 年版）所载，梭尔格于 1914 年 5 月奉派调查了西山煤矿。《北京西山地质志》第二章"火成岩"为中国地质界元老翁文灏所撰。该书 32 页则记梭氏曾于清末研究门头沟区花岗岩生成年代。对诸如李希霍芬命名的"大觉寺花岗岩"、上苇甸花岗岩侵入体之类，设想其为侏罗纪之后。该书《引言》中对梭尔格此前在北京西山的活动进行了评述。现摘引如下。浑河，即永定河。清水、妙峰山在今门头沟区。坨里在今房山区。

"继李希霍芬之后，研究西山地质者为北京大学教授、德人梭尔格博士。梭氏于一九一〇年至一九一二年间，教课之余，辄赴西山调查。绘成二十万分之一之地质图，较诸前贤所作精确良多。其于地层序次，共分四类如下：

（1）震旦层。与李希霍芬氏所指者同；

（2）浑河层。即含煤层。由辉绿岩层分为上下两系；

（3）清水层。即煤系之上紫绿色之岩层也；

（4）昌平层。即妙峰山、坨里等处之砾岩层。……

〔《北京西山地质志》所载〕本图不独较梭氏之图较为精确，且可证明西山地质构造并未为格外复杂，有如梭氏所设想之甚也。

---

① 据丁文江《太行山里的旅行》（《游记二种》P29，辽宁教育出版社，1998 年出版），章鸿钊《中国地质学发展小史》（商务印书馆 1937 年版，1955 年重印本）P16，王仰之《丁文江和几位外籍地质学家》（《中外地质科学交流史》P81，石油工业出版社，1992 年），张九辰《地质学与民国社会：1916—1950》（山东教育出版社，2005 年出版）P30、P36，宋广波：《丁文江与中国地质事业初创》（《北京档案史料》2005 年第 4 期）P166，朱庭祜《记中国地质调查工作创始时期》（《文史资料选辑》第八十辑 P26–P27，文史资料出版社，1982 年出版），张守信《中国地层名称》（科学出版社，2001 年出版）P415，于洸《北京大学地质学系早期史考》（《中国地质事业早期史》P99，北京大学出版社，1990 年出版）等综合编写。

梭氏分层，大致较为适当。"①

　　大寒岭关城：京西古道的重要关口，位于斋堂煤窝与大台沟之间的大山垭口上。地层是侏罗系髫髻山组，距今约 1.6 亿年。

◎ 安特生

　　约翰·贡纳尔·安特生（Johan Gunnar Andersson）（1874—1960），瑞典地质学家、古生物学家、文化人类学家、考古学家。这位世界著名的科学探险家曾参加过南极和北极考察。来华前任瑞典乌普萨拉大学教授，兼任瑞典地质调查所所长。1914 年应聘来华，任北洋政府农商部矿政司顾问。主要是在地质研究所协助丁文江、章鸿钊、翁文灏培训

_____

　　① 叶良辅：《北京西山地质志·引言》（地质专报甲种第一号，1930 年实业总署重印本）
P3–4

我国地质人才。常带领学员到西山进野外地质调查。学员中叶良辅、谢家荣、王竹泉、谭锡畴、朱庭祜、李捷、李学清等日后都成为中国地质学大家，被胡适称为中国地质学界的"领袖人才"。1922年成为中国地质学会创始会员。安特生来华12年。除煤田以及其他矿产调查外，还用很大精力进行古生物学、文化人类学、考古学的研究。他所发表的论文专著60种，包括《中国远古之文化》《华北新生代论集》《黄土地带》《中国史前考古学研究》等。其中《中国北方新生代》（1923）、《黄土地的女儿》（1934）影响很大。

安特生是最早关注并详细研究中国新生代地质的外国学者。他在调查矿产时，十分注意中国北方各省发育完备的新生代地质。他在大量的野外调查中，发现了许多古动、植物化石。由于当时中国还无古生物人才，这些化石只能大部分运往瑞典帮助研究。我国当代青年地质学者段淑英在瑞典进修期间，便利用了安特生于1914年、1918年、1919年多次实地采集的105箱化石，从中挑选采自北京西山的侏罗纪植物化石，撰写出专著《北京西山斋堂植物群》，并于1987年通过学位论文答辩。

据《农商部地质研究所一览》（京华印书局，1916年版）所载，1914年9月5—16日，安特生与新常富、张景澄赴斋堂调查煤田地质。归来后，安氏完成《斋堂煤产调查报告书》。[①]

安特生对京西地学的贡献大而且多。他所创立的一些地学名词蜚声中外，沿用至今。如以门头沟区地名命名的马兰期、板桥期、马兰梯地

---

① 据《外国地质名人辞典》（地质出版社，1987年出版）P11，《中国近现代人名大辞典》（中国国际广播出版社，1989年出版）P775，王仰之《丁文江和几位外籍地质学家》（《中外地质科学交流史》P81，石油工业出版社，1992年出版），段淑英《丁文江与中国古植物学》（王鸿祯主编《中国地质事业早期史》P216—218，北京大学出版社，1990年出版）等综合编写。

（今作马兰台地）等。最有名的"马兰黄土"，也与安特生的研究直接关联。1914—1918年，安特生曾三次到斋堂调查煤矿，并绘有一万分之一的地形图。他对于斋堂附近地形进行详细研究，马兰期这个重要的地文期就是这中间发现的。他的报告《斋堂河谷的地文发育》一文写于1919年1月，当时未曾发表。原文在1933年发表于瑞典远东考古博物院汇刊。[①]

〔值得一提的是，那时地质调查所经费紧张，安特生拿出自己的工资甚至存款资助，野外考察的费用也多是他自己支付。〕[②]

1920年出版的《北京西山地质志》是我国学者完成的第一部区域地质专著。编撰者叶良辅在正文前的《引言》中，说明该书指导者有当时任北洋政府农商部顾问的安特生。安氏曾于1916—1918年间，参与赴西山调查及地质填图。并记安特生于1918年春季赴西山搜寻石灰岩。该书还记述了安特生在今门头沟区从事野外调查活动的一些情况，这也可以从他所取得的部分成果中间接反映出来。由此可知安特生足迹及于门头沟、清水涧沟和斋堂川三大沟谷，以及邻近村落支沟等广阔地域。现摘引数则。

"……若言〔斋堂煤田〕煤样，则本部〔北洋政府农商部〕顾问安特生于一九一四年调查斋堂煤田时，采得煤样若干类，由工业试验所分析之。"

"一九一八年春，安特生氏与朱君庭祜、李君捷为斋堂煤矿公司详测地质，将来或尚有详细报告出版。据安特生等之简略报告，该煤田虽

---

① 林超：《北京西山清水河流域自然地理》（《林超地理论文选》P73，北京大学出版社，1993年出版）

② 张九辰：《地质学与民国社会：1916—1950》（山东教育出版社，2005年出版）P146

广，质亦不劣，惜地位不良，交通不便，而真正可采之区域较小，故未必有大规模开采之价值也。"①

"……在上述〔西自爨子，东达桑峪〕安山岩体之南，〔斋堂〕煤田之内，尚有安山岩体三块，即独山、白虎头、佛佛岭是也。较诸倾斜平缓之煤系，该岩已成峻壁之状态。独山之南有桃儿山，亦为此岩所成。其生存状态颇似火山岩流覆于曾经削平之煤系岩层之上者。朱君庭祐曾随同安特生顾问作详细之观察，所得结果正与此意相背。据调查小窑所知，沿火成岩体之周围皆有煤，独其底下无煤。故该火成岩为 Laccolite 〔岩盖，岩盘〕一类，而侵入于煤系中者。该问题之解决，于煤田之价值殊有关系。"②

"本部矿务顾问安特生曾于民国三年在斋堂作一约略之调查。其结论云，煤田面积约有三十三平方千米，煤层平均总厚约十公尺。按此计算，总矿量约四百五十二兆吨。

嗣于民国六年，安特生君复携朱君庭祐、李君捷赴斋堂详细调查。其第一次简略之报告。大致可摘译如后。

自经第二次调查并详测煤田之一部分以后，……因知煤田之广，尚有为前次所未尽者。因构造之纷乱，并有火成岩之穿割，开采不易。约言之，惟全量百分之九尚足开采而已。

安特生君因便于记述起见，分全部为三区。

其在南区之内，惟达摩、马兰以达霍村一带尚可开采。虽马兰与霍

① 叶良辅：《引言》《北京西山地质志》（地质专报甲种第一号，1930 年实业总署重印本）P19–20

② 叶良辅：《引言》《北京西山地质志》（地质专报甲种第一号，1930 年实业总署重印本）P37

村之间地层倾斜甚峻，尚较整齐。假设地层直立，可采煤层之平均厚度为 5 公尺，已经采去之煤至沟底而止。将来采煤深至 300 公尺，则霍村与达摩之间长 3500 公尺，可得煤 7 兆吨；达摩与马兰之间长 3000 公尺，可得煤约 6 兆吨。

　　马栏台：位于斋堂马栏沟口，瑞典地质学家安特生在这个台子上命名了马兰黄土。台地地层，新生代晚更新世，距今 3 万—1.3 万年。

　　在北区之内，青龙涧、双石头、北山蔡家岭一带为佳。地层倾斜较南区稍平缓，惟多火成岩之侵入体，采矿时不无妨碍耳。……是区可产煤约 14 兆吨。

　　中区之内，岩层倾斜较前两区大为平缓。霍村沟口紫绿色页岩之覆于含煤系者，大致成水平状。清水河之北直对霍村沟口，复东延至东胡林，岩层倾斜仍甚平缓。诸处之紫绿色地层说在河床之下，或皆连续。

故是区可设想以三点作界，即霍村沟口、灵水村及东胡林是也。如假定与事实相符，则斋堂中区实为开一新式矿井最相宜之地。仍以二平方千米为其面积，煤厚五公尺，则可得煤约十四兆吨。

就此三区总计，斋堂可采之煤，实不过 41 兆吨。

然安特生顾问之结论有云：斋堂煤田既大受地质构造上之影响，在西山范围之内，是否最适宜开采，犹是一疑问也。"[①]

"安特生博士曾于斋堂区域作一详细之实地观察。其结果不独足以证明前列〔北京西山〕地文期之存在，且更发见两期焉。作者今将安特生博士所记节译于后。

唐县期之地面

斋堂清水河之南岸有砾石数区，分布于山腹及山麓，成梯地，厚约二十公尺，高出河床自一百三十至一百八十公尺。砾石大小不一，大都系红色板岩与蛮岩所成。颇与其南之庙安岭岩石相类，或即取给于此。砾石尚有垆土，两者相和杂糅，不分层次。

就此砾石之分布状态，可想见砾石沉淀之际，所占地面必甚广。其后因侵蚀之结果，乃零星四散，各自成区。更可想见其沉淀之时，地形与今日迥异。其所占地面，当时或与其南之高山相连，成微陁之平面。又，今日之河谷，不独其时尚未造成，恐南北之平地正相连续耳。此即所谓唐县期之地面也。……

登高而望，知唐县期之在地而高五六百米突者，因现在之侵蚀较浅，大半犹未消灭。最高者宛若高原，约在七八百米突。其起伏绵延之和缓，实可为古时地形侵蚀极深之证。……就全作体而忖度之，侵蚀程

---

① 叶良辅：《引言》《北京西山地质志》（地质专报甲种第一号，1930 年实业总署重印本）
P77–78

度甚高之地面，其上覆有自高山冲泻而下之砾石，分流而四散焉。"（节译安博士原著）①

"汶河期〔为汾河期之误，《北京西山地质志》英文版原文为汾河期。本文中的汶河期都应改成汾河期〕自上而下之侵蚀。

……清水河南北两壁，高出河床之漂石层约 110 至 130 米突。意即汶河期侵蚀作用之成绩，即此百余米突之深谷而已。虽然今日之河床大都由漂石所成，未见其底部岩石，可知古时之河床犹藏于漂石之下，其深度当不止一百三十米突也。"（节译安博士原著）②

"马兰期之梯地

清水河之支流，如青龙涧、马兰沟、霍村沟等，其谷内皆有砾石梯地，高三四十米突，尤以马兰沟为最显著。余因名马兰期，以表砾石梯地造成之时期也。"（节译安博士原著）③

"板桥期自上而下之侵蚀

继马兰期梯地之构成而起者，为板桥期自上而下之侵蚀作用。上期之梯地因此而毁坏，而分割。欲证明之，其例甚多。

马兰沟中央为梯地，两旁各有小水。水之两侧，一为梯地，一为石壁。此种地形，显然表明马兰梯地已经过一部分之侵蚀。如侵蚀力不向河床进行，而向两旁扩张，则中心之梯地势必全被扫除而后已。于是两水合流，与汶河期之河谷相符。

---

① 叶良辅：《引言》《北京西山地质志》（地质专报甲种第一号，1930 年实业总署重印本）P54—55

② 叶良辅：《引言》《北京西山地质志》（地质专报甲种第一号，1930 年实业总署重印本）P56

③ 叶良辅：《引言》《北京西山地质志》（地质专报甲种第一号，1930 年实业总署重印本）P57

次如青龙沟中，亦有同一现象。如侵蚀进行不已，中央之梯地亦将逐渐消灭，两水并合乃已。

霍村沟中，马兰梯地中之溪谷，深达二三十米突。

斋堂附近，清水河河床由砾石层所成，宽约三百米突。清水河之支流别派不可名状，有经过砾石层面者，有穿割砾石层之中者。就此可知河床之底石，犹隐藏于今日砾石之下数十米突。……

板桥期地形最显明之处，即板桥沟。此沟自西东流，由煤窝之吕家村至清水涧而入浑河。在此沟中，唐县期之地面难以区别，盖全区已为汶河期侵蚀之结果。谷之两壁颇崎岖，其麓为梯地。然在高处，已露床底之岩石及粗砾石。谷之底有薄层砾石及黄土，均垦为耕地矣。在此汶河期之谷底中央，复有深狭之谷，由最后自上而下之侵蚀所造成，穿越黄土与砾石而达于石层，以成今日之现象。

门头沟天桥府附近，亦深狭之石谷。两壁高约三十米突。自此而东，及至通兴煤矿，谷之北有砾石与红土之梯地，高出沟底约三四十米突。可知其地板桥期之侵蚀，不独限于坚固之岩石，且达于砾石层。盖此种砾石层自昔充塞全谷，殊显然也。"〔节译安博士原著〕[1]

"地形时期撮要

……余将以直隶、山东、河南各处黄土之观察，与斋堂之地形期相比附，而撮要如左表。

上新统之唐县期——粘土及漂石之沉淀。有野马动物。地形为壮年期。

下洪积统之汶河期——地动发生。又因此而生自上而下之侵

---

① 叶良辅：《引言》《北京西山地质志》（地质专报甲种第一号，1930年实业总署重印本）
P57-58

蚀作用。

中洪积统之马兰期——气候甚冷。有河谷中之砾石，及风力积成之黄土。产象类动物。

近冲积统之板桥期——气候半干燥，多雨。原有之黄土及砾石分割成梯地，乃有次生之黄土及砾石。其时动物为牛 Bossp、羊 Ovissp、鹿 Cervnssp 等。

由此观之，余所谓原生黄土，并非成于汶河期之先，如维理士所设想者。决可断其在汶河期之后也。例如斋堂黄土分布之地高下不一，非盖于唐县期之砾石，即充满于汶河期之河谷。在马兰梯地中，犹有黄土

九龙头：瑞典地质学家安特生站在马栏台上北望，将九龙头的黄土命名为马兰黄土。马兰黄土形成于新生代晚更新世和全新世，距今 1 万至数万年。东胡林人出土于全新世马兰黄土上部，距今接近 1 万年。

与砾石相互成层。同时，复有大黄土覆于马兰砾石之上。综此以观，可知黄土与马兰砾石大致同时生成者也。"（节述安特生原著）[1]

新石器时代的陶器和石器：九龙头马兰黄土中出土，距今 3 千—5 千年。

[1]　叶良辅：《引言》《北京西山地质志》（地质专报甲种第一号，1930 年实业总署重印本）P60–61

附件

北京永定河流域 11 个 1：5 万国际分幅的区域地质调查

吕金波（北京市地质调查研究所）

北京永定河流域的 1：5 万国际分幅区域地质调查包括清水幅、沿河城幅、大台幅、雁翅幅、阳坊幅、石景山幅、良乡幅、大兴幅、庞各庄幅、马驹桥幅和香河幅共 11 个图幅（图 1）。清水幅、沿河城幅和大台幅为 3 个单幅项目；雁翅幅、阳坊幅，石景山幅、良乡幅，大兴幅、庞各庄幅、马驹桥幅、香河幅，为 3 个图幅联测项目。下面分别叙述 6 个项目的主要成果。

K50E024007 沿河城	K50E024008 雁翅	K50E024009 阳坊		
J50E001007 清水	J50E001008 大台	J50E001009 石景山		
		J50E002009 良乡	J50E002010 大兴	J50E002011 马驹桥	J50E002012 香河
			J50E003010 庞各庄		

图 1　北京永定河流域的 1：5 万国际分幅编号

一、清水幅区域地质调查

测区位于北京西山的西部，西起齐家庄，东至东胡林，南起百花山

186

林场，北至灵岳寺。工作由北京市地质局 102 地质队（现在的北京市地质调查研究所）4 分队承担。

1976—1980 年开展工作，技术负责：王令型，男，1935 年 5 月生，2012 年 5 月卒，北京地质学院（现在的中国地质大学）本科，后来担任北京市地质研究所书记。参加人员：王令型（地质）、钱玉好（物探）、李树祥（地质）、刘昂昂（地质）、马秋元（物探）、才世俊（地质）、袁尚清（财务），取得的成果如下：

火山岩是重点，对南大岭组、髫髻山组和东岭台组进行了详细划分，圈定出 3 个火山喷发中心。对百花山向斜、庙安岭向斜、杜家庄——镇厂向斜的体系归属合理。

髫髻山火山岩崖壁：位于主峰东侧，侏罗系髫髻山组，距今约 1.6 亿年。

二、沿河城幅区域地质调查

测区位于北京西山的西北部，西起棋盘岩西，东至向阳口西，南起燕家台，北至瓦窑。工作由北京市地质调查所（现在的北京市地质调查研究所）区调一队承担。

1980 年 6 月至 1985 年 7 月开展工作。前期技术负责王令型。后期技术负责：李树祥，男，1944 年出生，北京地质学院（现在的中国地质大学）本科，后来担任北京市国土资源局副局长。参加人员：吕金波、郑桂森、朱沐、李树祥、才世俊、姬广义、宋伍、李华、李国江、马杰、史元斌、王陶、田晓菲、江心洪、张荣成、李伟、茹祥德、李占杰、王继明、苏德辰。

取得的主要成果：

1. 调查了草庙沟盆地、永定河山峡和整个区域地下水情况，测量了孙庄新生代地层剖面（YP33）、64 号铁路隧道上方黄土剖面（YP32）、幽州村 41 号铁路隧道湖相层剖面（YP28），测量了沿河城村东（YP25）、沿河城火车站（YP26）、幽州南（YP27）、幽州站（YP31）横切永定河山峡的第四纪地质剖面，测量了沿河城断裂带沿河口（YP29）、龙门口（YP30）横切支沟的第四纪地质剖面。

2. 明确了中元古代杨庄组在北京西山的存在，从光谱多种元素沿垂直层序演化曲线所揭示的杨庄组顶底界线与岩石地层学所掌握的分组界线是吻合的。雾迷山组三段的碳酸盐岩硅质岩中藻菌类微化石的发现是继蓟县地层剖面发现藻菌类微化石之后在北京西山地区首次发现。将区内东岭台组划分为 4 个岩性段，为区外对该套火山岩地层的对比提供了较为详细的基础地质资料。

3. 对中元古代高于庄期后的主要地壳运动作了归纳与阐述，并明确地提出了印支运动的存在，对区内北西向横岭——沿河口断裂进行了专门研究与讨论，并将该断裂在区域地质发展史中的作用及其对岩浆侵入、火山作用的关系进行了阐述。

4. 对棋盘岩辉长岩体与白羊石虎石英二长岩体的叙述较为详细，特别是划分出了与东岭台组火山活动有关的燕山晚期所形成的角砾石英斑岩体（林字台等地），侵入在东岭台组火山岩系中的辉石闪长玢岩体（柳树峪等地）和安山玢岩体（沿河城卫生院等地）。

5. 对3个火山盆地（东岭台盆地、上大水盆地、横岭盆地）进行了较详细的岩石学描述，并进行了火山岩相划分，通过综合分析较好地确定了沿河城卫生院古火山机构。

流纹岩：斋堂沿河城东岭（岩浆岩，侏罗纪晚期，距今约 1.4 亿年）。

三、大台幅区域地质调查

测区位于北京西山的中部，西起军响西，东至色树坟，南起东班各庄北，北至安家庄北。

1988 年 4 月至 1990 年开展工作，为北京市地质矿产局（现在的北京市地质矿产勘查院）与中国地质大学（北京）合作项目，项目负责：李东旭（中国地质大学、北京）、邓一岗（北京市地质矿产局测试中心），技术负责：高德臻（中国地质大学、北京），参加人员：李东旭、王佐堂（北京市地质矿产局物化探队）、薛重生（中国地质大学、武汉）、杨松筠（北京市地质矿产局物化探队）、史增奇（北京市地质矿产局物化探队）、邓一岗、高德臻、王晓东（北京市地质矿产局物化探队）、李志忠（中国地质大学、北京）、孙善平（中国地质大学、北京）、奥岩（北京市地质矿产局测试中心）、曹树钊（中国地质大学、武汉）、龚玉珍（北京市地质矿产局物化探队）。

取得的成果如下：

1. 查明芹峪抬升引起铁岭组上部地层缺失，提出髽鬏山火山岩盆地北缘青白口穹窿的存在及其对粗碎屑岩分布的控制意义。

2. 发现了南大岭组顶部的古风化壳。

3. 证明了印支运动在本区的存在，提出髽鬏山向斜是纵弯机制形成的。

四、雁翅幅、阳坊幅区域地质调查

测区位于北京西山的北部，西起向阳口，东至董四墓，南起军庄北，北至北流村。工作由北京市地质调查所（现在的北京市地质调查研究所）区调一队承担。

王平镇安家庄村清凉界瀑布

（地层，侏罗系髫髻山组火山岩，距今约1.6亿年）

1990年3月至1993年开展工作。项目负责：郑桂森，男，1959年出生，长春地质学院（现在的吉林大学）本科，吉林大学工程硕士，教授级高级工程师，后来担任北京市地质矿产勘查开发局（现在的北京市地质矿产勘查院）总工程师。人员分工：吕金波（新生代地质）、刘振锋（地层）、王继明（构造地质）、方景玲（矿产地质）、郑臣恭和李运婷（女）负责图件清绘。项目取得的主要成果如下：

1. 在区内首次划分出中元古代杨庄组地层，深入讨论了其岩性纵横向变化特点，为认识杨庄期古海盆沉积相变的整体特征提供了资料。结合区域对比，将妙峰山一带原划作九龙山组的火山碎屑沉积岩系厘定为后城组，改变了北京北山以南不发育后城组的传统认识，理顺了妙峰山一带中生界地层顺序，从而合理地解决了涧沟盆地与髫髻山盆地的关系这一长期存在的地质难题。在雁翅—妙峰山地段测制出完整的髫髻山组地层剖面，其顶底界接触关系清楚，层序发育完整，在北京地区最为典型，弥补了该组现有剖面、资料中顶、底发育不全等缺陷。在永定河流域的黄土贵村东发现了上新世阶地，在桑峪马兰黄土中发现了人类股骨化石，在灰峪洞穴中发现了啮齿类化石，在韩家台洞穴中发现了哺乳动物化石，并取得了马刨泉、高崖口一带离石黄土和马兰黄土的热释光同位素年龄值等，为第四纪地质有关学科的研究及新构造运动研究补充了大量有意义的新资料。

2. 通过构造、火山岩岩相、岩石化学、微量元素、稀土元素等多方面的研究分析，揭示出测区中生代4期、13幕火山活动规律，明确了各幕火山喷发方式和形成的岩石组合、岩相变化特征，对中生代火山岩浆自基性—中基性—中酸性—酸性的演化规律得到更明确认识。圈定出一系列呈线状展布的古火山机构，完善了火山岩的研究，使构造—火山岩浆活动关系认识得到深化。

3. 在北京地区首次以确切资料确定出印支期岩体的存在，建立了印支期珠窝超单元丰富了北京地区印支运动的研究内容。对燕山期侵入体划归9个单元，并对比划入八达岭岩浆杂岩带所建立的超单元系列，加深了区域岩浆活动规律的认识。

4. 对印支运动存在的依据及多方面构造特征进行了详细研讨，指出印支运动主幕是在南北向挤压力作用下，在测区以中浅层次构造变形为主，生成了近东西向褶皱和多条逆断层，并伴随有轻微的区域变质作用。对燕山旋回划分了3个亚旋回，并对该旋回在伸展——收缩构造体制交替转换机制制约下形成的3个世代盆地之方向、沉积作用、火山喷发、岩浆侵位、构造变形特征进行了详细分析和论述。对测区内髫髻山火山盆地确定为单断式盆地的单斜体。

5. 在前人工作程度低的雁翅幅范围开展了矿产调查。对以金为主的内生矿产成矿地质条件、控矿因素和地球化学特征进行了系统调查、总结，指明了进一步勘查方向；查明了有优势的石灰岩矿、优质白云岩

妙峰山岩浆岩：妙峰山后山有很多各种形状的岩浆岩体。永定河研究会山野考察小组，曾经进入这块岩浆岩裂隙中进行考察。地层，侏罗系土城子组，距今约 1.4 亿年。

矿产赋存层位及资源远景，为进一步勘查开发打下了良好的基础。对下马岭组页岩作为陶粒页岩和伊利石矿赋存层位提出了评价意见。对旅游地质资源和灾害地质情况作出调查和总结，扩大了区调工作服务领域。

五、石景山幅、良乡幅区域地质调查

测区位于北京西山的东部，西起石古岩，东至玉泉山，南起窦店站，北至军庄。工作由北京市地质调查所（现在的北京市地质调查研究所）区调一队承担。

1987年3月至1989年开展工作。项目负责：李安宁，男，1957年出生，长春地质学院（现在的吉林大学）本科，吉林大学工程硕士，后来担任大地出版社社长。人员分工：郑桂森（副项目负责）、吕金波（新生代地质）、李伟（中生代地质）、茹祥德（古生代地质）、李占杰（矿产地质）、王继明（构造地质）、马文才和刘祥林（图件清绘）。项目取得的主要成果如下：

1. 运用岩石学、地层学、沉积学、生物地层学、岩石地球化学等多学科新理论新方法，较全面系统地总结了测区内元古宇—古生界各断代地层的层序、接触关系、岩性组合及区内外变化特点；对岩相及沉积环境提出宏观分析；对上古生界的岩相与沉积环境分析较同类区调报告突出；填图单位划分合理正确。

2. 根据岩性特征、岩石组合、沉积韵律、沉积相序，结合盆地构造演化，将测区内白垩系划分成2统4组，即下统东狼沟组、大灰厂组和坨里组，中统夏庄组。重新厘定了坨里组和夏庄组的含义，确定其顶底界限。在白垩纪陆相断陷盆地构造演化的研究方面取得新的进展。

3. 进一步确定了印支运动的存在，丰富了印支运动的实际资料，

将全区划分出印支、燕山、喜马拉雅3个构造旋回及相应的构造层，8个变形世代，从而建立了测区内地质构造演化序列；对褶叠层构造的研究取得新的进展；进一步完整地提出了侏罗山式褶皱构造模式；根据测区构造特点提出板内构造演化机制表现为伸展—收缩、再伸展—收缩交替进行的新认识；提出区内区域变质岩形成于印支期的新观点。是继周口店幅工作之后所取得的又一项构造地质调查的优秀成果。

4. 对长期争论的东狼沟组火山岩进行了岩石学、岩石化学、地球化学研究；首次提出了同位素年龄数据；根据脉岩同位素资料及产出的地质条件，在测区内划分出印支期和喜马拉雅期岩浆侵入活动，是北京地区岩浆岩研究方面的新进展。

下苇甸沉积间断剖面：下层中晚元古代景儿峪组约7.8亿年，与上覆寒武系昌平组5.4亿年，之间缺失了南华系、震旦系约2.4亿年地层（华北普遍缺失）。两层之间有约30厘米厚的风化壳。

5. 综合评述了测区内主要矿产非金属的分布特征。收集了测区内丰富的旅游地质资源及人文景观资料，并作了评述，为西山地区开展地质旅游提供了资料。

六、大兴幅、庞各庄幅、马驹桥幅、香河幅区域地质调查

测区位于北京南部，西起永定河，东至香河县城，南起求贤村，北至大红门。工作由（北京市地质调查所开题、单位更名为北京市地质调查研究院提交报告、现在单位名称为北京市地质调查研究所）区调二队承担。

1997—2000 年开展工作。项目负责：吕金波，男，1956 年 10 月出生，河北地质学院（现在的河北地质大学）本科，中国地震局地质研究所博士，教授级高级工程师，后来担任北京市地质调查研究院（现在的北京市地质调查研究所）副总工程师。参加人员：李良景、丁长顺、孙永华、田景祥、王泽龙、牛立东、李彩华（女）、杨慰、李运婷（女）、王福涛、孙顺华。

主要成果如下：

1. 第四纪地质调查中利用洛阳铲等手段对第四系地层进行揭露，对区内第四纪沉积地层的成因类型、岩性特征进行了较深入的研究。结合典型剖面的高分辨率分析测试，运用气候地层学、生物地层学及年代地层学的研究方法，获得了丰富的资料和数据，建立了区内第四系地层划分层序。对第四纪地层的划分为与国际接轨，采用更新统和全新统的二分法，建组依据充分。工作中详细研究了具有代表性的全新统地层剖面，对距今 12000 年以来古气候、古环境演化序列作了较全面的分析。应用孢粉分析划分出北京平原地区晚更新世中期以来 5 个孢粉带，研究了气候从寒冷向温暖的变化过程，并与相邻的东方广场剖面的

研究结果进行对比，确定了测区全新统界线，建立了全新统地层划分序列。

2. 通过遥感解释、野外调查，深入研究了永定河流域古河道变迁历史，基本确定了新生代以来无定河、古灅水及古浑河3条主要古河道，分析了它们的分布及发育过程。在灅水古河道沉积物中发现了古木及牛化石，进一步确定了古河道发育的年代，为本区第四系地质填图单元划分和界线的确定提供了科学依据，也为在地势低平地区开展第四纪地质的深入调查研究提供了一个很好的范例。

3. 在大量前人成果基础上，本次调查广泛收集了区内几十个钻孔资料，对钻孔岩心进行了系统编录和鉴定，运用新的理论和方法，进行了观察研究和多种样品测试与分析，基本查明了测区范围内第四系覆盖层之下的基岩的分布时代、岩性、层序和沉积旋回等特征，说明大兴隆起从中心到两翼是一套由奥陶系—寒武系—青白口系—蓟县系地层组成的向斜构造。尤其对寒武系地层应用旋回地层学的研究方法着重研究了古地理环境及沉积类型等特点，提高了区域地层研究的水平。并综合研究了深部岩溶地下水的赋存特点，为大兴隆起上的岩溶地下水的资源前景与开发利用提供了基础资料。

4. 在分析区内大量钻孔、物化探、煤田勘察等资料的基础上，研究了主要褶皱构造、断裂构造的分布及其特征。新圈出了黄村向斜，推断了天堂河断裂等构造，并在测区南部榆垡和安定钻孔中首次发现太古宙结晶基底片麻岩，为深部地热资源勘查选区指出了新的方向。

5. 工作紧密结合大兴县地方政府建设规划和经济发展布局，对土地资源、地下水资源、地热资源、矿产资源、旅游资源、垃圾状况、土壤类型及生态环境进行了较全面的调查。

　　风暴岩：下苇甸寒武系张夏组地层中的风暴岩是在多风暴的环
境中生成的地层，距今约 5 亿年。

附图

地质年代			同位素年龄（百万年）	生物进化	
宙	代	纪			
显生宙（PH）	新生代（Q）	第四纪（Q）	2.60		人类时代
		新近纪（N）	23.3		被子植物和兽类时代
		古近纪（E）	65		
	中生代（Mz）	白垩纪（K）	137		裸子植物和恐龙时代
		侏罗纪（J）	205		
		三叠纪（T）	250		
	古生代（Pz）	二叠纪（P）	295		蕨类和两栖类时代
		石炭纪（C）	354		
		泥盆纪（D）	410		裸蕨植物和鱼类时代
		志留纪（S）	438		
		奥陶纪（O）	490		三叶虫时代
		寒武纪（Є）	543		
元古宙（PT）	新元古代（Pt₃）	震旦纪（Z）	680		真核藻类和早期后生动物时代
		南华纪（Nh）	800		
		青白口纪（Qb）	1000		
	中元古代（Pt₂）	蓟县纪（Jx）	1400		
		长城纪（Ch）	1800		
	古元古代（Pt₂）	滹沱纪（Ht）	2500		
太古宙（AR）	新太古代（Ar₃）		2800		细菌藻类时代
	中太古代（Ar₂）		3200		
	古太古代（Ar₁）		3600		
	始太古代（Ar₀）			地球的形成与进化时期	

地质年代表（网络）

后记

北京西山是中国地质学的摇篮，门头沟是北京西山的核心，是中国最早开展地质研究的区域之一，一百多年来，许多中外地质学家对北京西山进行了深入的考察与研究，足迹遍布西山大山深谷。1913年民国农商部地质研究所师生在北京西山进行毕业实习，叶良辅在实习成果的基础上，汇集了前人的研究成果，编辑了《北京西山地质志》，这是中国地质学的开山之作，开辟了以中国地质学者为主研究中国地质的新时代。

门头沟区不仅是北京郊区、山区、矿区、革命老区，还是神圣的地质科学殿堂。丰厚的地质资源和灿烂的地学文化是门头沟的宝贵财富，是生态建设的依据，是旅游开发的重要内容，是全域旅游的抓手，对门头沟经济社会发展具有巨大潜力。为此，北京永定河文化研究会成立以来，多次请地质专家学者到门头沟进行地质研讨和地质科普。2016年一大批专家学者汇聚门头沟，隆重纪念北京西山地质调查100周年，在区委宣传部的支持下重印了《北京西山地质志》。在北京地质界产生了强烈的反响，许多专家学者表示尽力支持门头沟地质资源和地学文化的开发利用。

十几年前，北京永定河文化研究会编辑出版了《门头沟地质资料选编》。易克中先生搜集了上百万字有关门头沟的地质资料。其中有关几十位中外地质学家在门头沟进行地质工作的资料对研究北京西山地质史有参考价值。2019年我将《中外地质学家西山行迹简介》提交给中国地质学会地质学史专业委员会第29届学术年会研讨。与会的多位专家学者对文章进行了指正。去年中国地质学会地质学史专业委员会通知我,对文稿进行校正,拟将文稿收入即将出版的文集中。我对文稿进行了修改和补充,提交给了中国地质学会地质学史专业委员会。

今年四月,区政协召开文史稿件征集会议,我将《中外地质学家西山行迹简介》提交给区政协文史办。经审查,认为可以在此稿的基础上编辑文史专辑。政协领导对此十分重视。刘贵明主席、贾卫东副主席和政协秘书长付军利、学习与文史委主任安久亮与我进行了专场座谈,听取了我的汇报,询问了我的需求,提出了编辑建议。会后,我根据座谈会精神,再次对文稿进行了修改和补充。

近年来,又有许多专家学者对北京西山进行了深入考察研究取得一批重要成果。北京地质勘查研究院吕金波博士,在门头沟桑峪发现了11万年前的人类骨骼和冰楔层;中国地质科学院苏德辰博士在湫河沟口一带发现了15亿年前的古地震遗迹;中国地质科学院高林志博士等对下马岭组进行了精确测年,取得重要成果。新的中国地质年表将原来的下马岭组从青白口系中剥离,新建了西山系;中国水文地质工程勘察院高级工程师王洪杰在门头沟白龙沟发现了迄今为止世界上最大的带有清晰擦痕的冰川漂砾及冰川谷;北京地质勘察院总工鲍亦冈对北京西山进行了深入考察研究,对燕山运动进行了深入探讨。这些成果在国际、国内产生了深刻影响。这次增加了对以上6位专家的介绍,初稿由专家本人提供,鲍亦冈文由吕金波提供,附件由吕金波博士提供。本次共增加了一万余字。为了通俗直观便于群众阅读,还增加了70多幅与门头沟地质相关的彩色照片。

为了使广大群众能了解本地的地层性质和形成时间，我对照片涉及的地层进行了大体的时间标注。其实不科学，也不准确，只是给广大群众提供参考而已，否则群众看着地质名词只能一头雾水，请专业工作者理解谅解。为了帮助群众理解地质时代概念，书后附了一张地质年表。这张地质年表的优点是将不同地质时期对应的动物明确标出，便于大家比较形象具体地理解地质年代与人类的关系；缺点是，年表比较陈旧，没有及时吸收最新研究成果，有欠完善。

　　本书初稿是易克中先生十几年前撰写的，进行编辑时，我作了较多删节和一些补充。本次提交我再次进行了修改和补充。彩插照片为刘德泉拍摄，随书人物照片一部分由作者提供，另一部分来源于网络。其他来源均注明出处。书稿最终定名为《北京西山：中国地质学家的摇篮》，交由团结出版社出版。

　　本书稿曾经得到中国地质学会地质学史专业委员会第 29 届学术年会与会的多位专家学者的指导，得到门头沟区政协领导们的指导支持，张妙弟教授冒着酷暑为本书作序，侯秀丽老师阅读了书稿，提出修改建议，并在具体工作中大力帮助，还有几位专家和一些朋友给予我很多指导帮助，在此一并表示深深感谢。

刘德泉

2022 年 9 月 23 日